IDEALIEJI KURVINĖS KNYGOS 2022 M. ŠOKOLADINIAI BALTYMŲ BANTONAI

100 skanių ir maistingų receptų, kaip pasigaminti savo batonėlius

Mantė Jankauskienė

Visos teisės saugomos.

Atsisakymas

Šioje el. knygoje pateikta informacija turi būti visapusiškas strategijų, apie kurias šios el. knygos autorius atliko tyrimą, rinkinys. Santraukos, strategijos, patarimai ir gudrybės yra tik autoriaus rekomendacijos, o šios el. knygos skaitymas negarantuoja, kad rezultatai tiksliai atspindės autoriaus rezultatus. Elektroninės knygos autorius dėjo visas pagrįstas pastangas, kad elektroninės knygos skaitytojams pateiktų naujausią ir tikslią informaciją. Autorius ir jo partneriai neprisiima atsakomybės už bet kokias netyčines klaidas ar praleidimus. El. knygos medžiagoje gali būti trečiųjų šalių informacijos. Trečiųjų šalių medžiagą sudaro jų savininkų nuomonė. Todėl el. knygos autorius neprisiima atsakomybės už bet kokią trečiųjų šalių medžiagą ar nuomones.

El. knygos autorių teisės priklauso © 2022, visos teisės saugomos. Draudžiama perskirstyti, kopijuoti arba kurti išvestinį darbą iš šios el. knygos visos ar jos dalies. Jokia šios ataskaitos dalis negali būti atgaminta ar perduota bet kokia forma be raštiško ir pasirašyto autoriaus leidimo.

TURINYS

TURINYS..3
ĮVADAS..7
ŠOKOLADINĖS BANKELĖS IR KVADRATAI.......................................8
   1. VEGANIŠKI BALTYMŲ BATONĖLIAI..9
   2. IŠPŪSTAS QUINOA BATONĖLIS..12
   3. MATCHA ANAKARDŽIŲ PUODELIAI..14
   4. AVINŽIRNIŲ ŠOKOLADO GRIEŽINĖLIAI..16
   5. BANANŲ BATONĖLIAI..18
   6. CUKRINIAI ŠONINĖS IRISO KVADRATĖLIAI................................21
   7. ŠOKOLADINIAI BALTYMINIAI RIEŠUTŲ BATONĖLIAI...............24
   8. VOKIŠKO ŠOKOLADO BALTYMINIAI BATONĖLIAI....................26
   9. TRIGUBO ŠOKOLADO BALTYMINIO PYRAGO BATONĖLIAI....28
   10. AVIEČIŲ-ŠOKOLADO BATONĖLIAI..31
   11. MUSLI BALTYMŲ BATONĖLIAI..33
   12. JUODOJO MIŠKO VYŠNIŲ BATONĖLIAI....................................35
   13. SPANGUOLIŲ SPRAGĖSIŲ BATONĖLIAI...................................37
   14. SVEIKI DOLLY BARS...39
   15. AIRIŠKI KREMINIAI BATONĖLIAI..41
   16. BANANŲ SUKTUKAI..43
   17. MOLIŪGŲ AVIŽINIAI DRIBSNIAI BET KURIUO METU KVADRATAI.............45
   18. RAUDONOJO AKSOMO MOLIŪGŲ BATONĖLIAI.....................48
   19. ŠOKOLADO ŽIEVĖ SU CUKRUOTAIS PEKANO RIEŠUTAIS...50
   20. TRAŠKŪS BATONĖLIAI..52
   21. VEGANIŠKI SALDAINIŲ BATONĖLIAI..55
   22. ŠOKOLADINIAI KOKOSO BALTYMŲ BATONĖLIAI...................58
   23. KONFETI BATONĖLIAI..60
   24. SŪDYTI KARAMELINIAI ANAKARDŽIŲ BATONĖLIAI...............63

25. Pistacijų karamelės 66
26. Raktinių liepų kvadratai 68
27. Cukriniai šoninės iriso kvadratėliai 70
28. Karamelės graikinių riešutų svajonių batonėliai 73
29. Chronic pekano batonėliai 75
30. Migdolų sviesto chia kvadratėliai 77
31. Šokoladiniai baltyminiai riešutų batonėliai 80
32. Vokiško šokolado baltyminiai batonėliai 82
33. Blueberry Bliss baltymų batonėliai 85
34. Šokoladiniai žemės riešutų sviesto baltymų batonėliai ... 87
35. Neapdorotų moliūgų kanapių sėklų baltymų batonėliai .. 89
36. Imbiero vanilės baltymų traškumo batonėliai 91
37. Žemės riešutų sviesto prieškočio batonėliai 93
38. Spanguolių migdolų baltymų batonėliai 95
39. Trijų šokoladinių baltymų pyragų batonėliai 97
40. Aviečių-šokolado batonėliai 100
41. Žemės riešutų sviesto sausainių tešlos batonėliai 102
42. Musli baltymų batonėliai 104
43. Morkų pyrago baltyminiai batonėliai 106
44. Apelsinų ir Goji uogų batonėliai 109
45. Braškių prinokusių baltymų batonėlis 111
46. Mokos baltymų batonėliai 113
47. Bananiniai šokoladiniai baltyminiai batonėliai 115
48. Dangiškieji neapdoroti batonėliai 117
49. Monstrų barai 119
50. Blueberry Crumble batonėliai 121
51. „Gumdrop" batonėliai 123
52. Sūdyti riešutų batonėliai 125
53. Juodojo miško vyšnių batonėliai 127
54. Spanguolių spragėsių batonėliai 129
55. Sveiki Dolly Bars 131

56. Airiški kreminiai batonėliai 133
57. Bananų sūkuriai 135
58. Moliūgų sūrio pyragaičiai 137
59. Granola batonėliai 139
60. Moliūgų avižinių dribsnių kvadratėliai 141
61. Raudonojo aksomo moliūgų batonėliai 144
62. Sniego citrinų batonėliai 146
63. Lengvi "Butterscotch" batonėliai 149
64. Vyšnių migdolų batonėlis 151
65. Karamelės traškumo batonėliai 153
66. Avižiniai batonėliai 156
67. Kramtomieji pekano batonėliai 158
68. Šokoladiniai sausainių tešlos baltyminiai batonėliai ... 161
69. Avižinių dribsnių razinų sausainių baltymų batonėliai ... 164
70. Baltojo šokolado makadamijos baltymų batonėlis 167
71. Red Velvet Cake Fudge baltymų batonėliai 170
72. Cinamon Roll baltymų kvadratėliai 174
73. Vokiško šokoladinio pyrago baltyminiai batonėliai 178
74. Gimtadienio torto baltyminiai batonėliai 182
75. Morkų pyrago baltyminiai batonėliai 186
76. Septynių sluoksnių batonėlių baltyminiai batonėliai ... 189
77. Moliūgų pyrago baltymų batonėlio kąsnelis 192
78. Pekano pyrago baltyminiai batonėliai 195
79. Tiramisù baltymų batonėliai 198
80. S'mores baltymų batonėliai 202
81. Nutella Fudge baltymų batonėliai 205
82. Mocha Fudge baltymų batonėliai 208
83. Karameliniai Macchiato baltymų batonėliai 211
84. Mėtų šokolado baltymų batonėliai 215
85. Milijonieriaus baltymų batonėliai 219
86. Scotcheroo baltymų batonėliai 223

87. Elvis baltymų batonėliai 226
88. Žemės riešutų sviesto ir želė baltymų batonėliai 229
89. Matcha žaliosios arbatos migdolų fudge baltymų batonėliai 232
90. Super Greens Fudge baltymų batonėliai 235
91. Pripumpuoti baltymų batonėliai 238
92. Susmulkintų baltymų batonėliai 242
93. Jautienos pyrago baltyminiai batonėliai 246
94. „The Buff Protein Bars" 250
95. Lenktykimės su baltymų batonėliais 253
96. Sveiki Chubby Hubby baltymų batonėliai 257
97. Powerhouse baltymų batonėliai 261
98. Dinaminiai baltymų batonėliai 264
99. Duo baltymų batonėliai 268
100. Mirtis nuo šokoladinių baltymų batonėlių 272

IŠVADA 276

ĮVADAS

Šokolado istorija

Prieš valgydami glotnų, sodrų pieno batonėlį, turėtumėte žinoti, kad šokoladas ne visada buvo toks saldus skanėstas. Tradiciškai jie buvo kartaus gėrimo. Šokoladas iš pradžių buvo rastas Centrinės Amerikos atogrąžų miškuose.

Šokoladą augino mezoamerikiečiai, o senovės gentis tikėjo, kad šokoladas turi mistinių galių. Jis taip pat buvo žinomas dėl savo afrodiziakinių savybių ir dvasinių savybių. Kakavos pupeles garbino majai. Ir jie buvo skirti tik kilmingiausiems kunigams, valdovams, kariams ir kunigams. Tai taip pat buvo valiutos forma majų regione.

1828 metais buvo įkurta kakavos spaudykla. Šis aparatas atskirtų kakavos sviestą ir kakavos miltelius nuo kakavos pupelių. 1887 m. Šveicarijos šokoladininkas nusprendė į mišinį įpilti pieno. Jis ieškojo būdo ilgą laiką išsaugoti pienišką šokoladą ir taip pasauliui buvo pristatyti pieniški šokoladai. Nuo tada šokoladas buvo lengvai prieinamas masėms. Dėl rinkodaros ir daugiau gamybos šokoladai dabar tapo delikatesu, kuriuo gali mėgautis visi.

ŠOKOLADINĖS BANKELĖS IR Kvadratai

1. Veganiški baltymų batonėliai

Ingridientai:
- 1/3 puodelio burnočių.
- 3 šaukštai vanilės arba beskonių veganiškų baltymų miltelių.
- 1 1/2-2 šaukštai klevų sirupo.
- 1 puodelis aksominio sūdyto žemės riešutų arba migdolų sviesto
- 2-3 šaukštai lydyto tamsaus veganiško šokolado.

Kryptys

a) Užvirkite burnočius kaitindami didelį puodą ant vidutinės-stiprios ugnies.

b) Į vidutinį dubenį įpilkite žemės riešutų arba migdolų sviesto ir klevų sirupo ir maišykite, kad susimaišytų.

c) Suberkite baltymų miltelius ir išmaišykite.

d) Po truputį dėkite išsprogdintus burnočius, kol gausite birią „tešlos" tekstūrą. Būkite atsargūs ir neįdėkite per daug, nes kitaip strypai gali prarasti lipnumą ir nesulipti.

e) Supilkite mišinį į kepimo indą ir paspauskite žemyn, kad susidarytų lygus sluoksnis. Ant viršaus uždėkite pergamentinį popierių arba plastikinę plėvelę ir naudokite plokščias dugneles, pvz., skysčio matavimo taurelę, kad nuspauskite ir įdėkite mišinį į tolygų, stipriai supakuotą sluoksnį.

f) Perkelkite į šaldiklį, kad sustingtų 10-15 minučių arba tol, kol paliečiama. Tada iškelkite ir supjaustykite į 9 juosteles. Mėgaukitės tokiu, koks yra, arba apšlakstykite trupučiu ištirpinto juodojo šokolado.

g) Kambario temperatūroje jie šiek tiek suminkštėja, todėl laikykite šaldytuve (maždaug 5 dienas) arba šaldiklyje.

2. Išpūstas quinoa batonėlis

Ingridientai:

- 3 valgomieji šaukštai kokosų aliejaus.
- 1/2 puodelio žalios kakavos miltelių.
- 1/3 puodelio klevų sirupo.
- 1 valgomasis šaukštas tahini
- 1 arbatinis šaukštelis cinamono.
- 1 arbatinis šaukštelis vanilės miltelių.
- Jūros druska.

Kryptys

a) Nedidelėje keptuvėje ant vidutinės ir mažos ugnies ištirpinkite kokosų aliejų, žalią kakavą, tahini, cinamoną, klevų jūrą, sirupą ir vanilės druską, kol pasidarys tirštesnis šokolado mišinys.

b) Šokolado padažą užpilkite ant išmuštos quinoa ir gerai išmaišykite. Supilkite didelį šaukštą šokoladinių traškučių į mažus kepimo puodelius.

c) Įdėkite juos į šaldiklį mažiausiai 20 minučių, kad sukietėtų. Laikykite šaldiklyje ir mėgaukitės!

3. Matcha anakardžių puodeliai

Ingridientai:

- 2/3 puodelio kakavos sviesto.
- 3/4 puodelio kakavos miltelių.
- 1/3 puodelio klevų sirupo.
- 1/2 puodelio anakardžių sviesto arba bet kokio kito, ko norite.
- 2 arbatiniai šaukšteliai matcha miltelių.
- Jūros druska.

Nurodymai:

a) Užpildykite nedidelę keptuvę 1/3 puodelio vandens ir padėkite dubenį viršuje, uždengdami keptuvę. Kai dubuo įkaista, o apačioje esantis vanduo užvirs, dubenyje ištirpinkite kakavos sviestą, įjunkite ugnį ir. Kai jis ištirps, nukelkite nuo ugnies ir porą minučių įmaišykite klevų sirupą ir kakavos miltelius, kol šokoladas sutirštės.

b) Naudodami vidutinio dydžio keksiukų laikiklį, apatinį sluoksnį užpildykite gausiu šaukštu šokoladinio mišinio. Kai užpildysite visus keksiukų laikiklius, įdėkite juos į šaldiklį 15 minučių, kad sustingtų.

c) Išimkite šaldytą šokoladą iš šaldiklio ir ant šaldyto šokolado sluoksnio uždėkite 1 valgomąjį šaukštą matcha / anakardžių sviesto tešlos. Kai tik tai padarysite, ant kiekvieno gabalėlio užpilkite likusį ištirpintą šokoladą, kad jis viską padengtų. Pabarstykite jūros druska ir palikite 15 minučių šaldytuve.

4. Avinžirnių šokolado griežinėliai

Ingridientai:

- 400 g skardinių avinžirnių, nuplauti, nusausinti.
- 250 g migdolų sviesto.
- 70 ml klevų sirupo.
- 15 ml vanilės pastos.
- 1 žiupsnelis druskos.
- 2 g kepimo miltelių.
- 2 g kepimo sodos.
- 40 g veganiško šokolado drožlių.

Kryptys

a) Įkaitinkite orkaitę iki 180°C/350°F.

b) Didelę kepimo formą ištepkite kokosų aliejumi.

c) Maišytuve sumaišykite avinžirnius, migdolų sviestą, klevų sirupą, vanilę, druską, kepimo miltelius ir soda.

d) Ištrinkite iki vientisos masės. Į paruoštą kepimo skardą įmaišykite pusę šokolado drožlių.

e) Pabarstykite rezervuotais šokolado drožlėmis.

f) Kepkite 45-50 minučių arba tol, kol įsmeigtas dantų krapštukas išeis švarus.

g) Atvėsinkite ant grotelių 20 minučių. Supjaustykite ir patiekite.

5. Bananų batonėliai

Ingridientai:
- 130 g lygaus žemės riešutų sviesto.
- 60 ml klevų sirupo.
- 1 bananas, sutrintas.
- 45 ml vandens.
- 15 g maltų linų sėmenų.
- 95 g virtos kinojos.
- 25 g chia sėklų.
- 5 ml vanilės.
- 90 g greitai paruošiamų avižų.
- 55 g pilno grūdo miltų.
- 5 g kepimo miltelių.
- 5 g cinamono.
- 1 žiupsnelis druskos.

Užpilas:
- 5 ml ištirpinto kokosų aliejaus.
- 30 g veganiško šokolado, susmulkinto.

Kryptys
a) Įkaitinkite orkaitę iki 180°C/350°F.
b) 16 cm skersmens kepimo formą išklokite kepimo popieriumi.

c) Mažame dubenyje sumaišykite linų sėklas ir vandenį. Padėkite į šalį 10 minučių.

d) Atskirame dubenyje sumaišykite žemės riešutų sviestą, klevų sirupą ir bananą. Supilkite linų sėmenų mišinį.

e) Kai gausite vientisą mišinį, įmaišykite quinoa, chia sėklas, vanilės ekstraktą, avižas, viso grūdo miltus, kepimo miltelius, cinamoną ir druską.

f) Supilkite tešlą į paruoštą kepimo formą. Supjaustykite į 8 batonėlius.

g) Kepkite batonėlius 30 minučių.

h) Tuo tarpu pasigaminkite užpilą; sumaišykite šokoladą ir kokosų aliejų karščiui atspariame dubenyje. Padėkite ant verdančio vandens, kol ištirps.

i) Išimkite batonėlius iš orkaitės. Padėkite ant grotelių 15 minučių, kad atvėstų. Išimkite batonėlius iš kepimo formos ir apibarstykite šokoladiniu užpilu. Tarnauti.

6. Cukriniai šoninės iriso kvadratėliai

Ingridientai:
- 8 griežinėliai šoninės
- ¼ puodelio šviesiai rudojo cukraus, tvirtai supakuoto
- 8 ŠAKŠTAI sviesto, suminkštintas
- 2 ŠAUKŠTAI nesūdyto sviesto, suminkštinto
- ⅓ puodelio tamsiai rudojo cukraus, tvirtai supakuoto
- ⅓ puodelio konditerių cukraus
- 1½ stiklinės universalių miltų
- ½ arbatinio šaukštelio druskos
- ½ puodelio iriso gabaliukų
- 1 puodelis tamsaus šokolado drožlių
- ⅓ puodelio kapotų migdolų

Kryptys

a) Įkaitinkite orkaitę iki 350 ° F (180 ° C). Vidutiniame dubenyje suberkite šoninę ir šviesiai rudąjį cukrų ir išdėliokite vienu sluoksniu ant kepimo skardos.
b) Kepkite 20–25 minutes arba tol, kol šoninė bus auksinė ir traški. Išimkite iš orkaitės ir leiskite atvėsti 15–20 minučių. Supjaustykite mažais gabalėliais.
c) Sumažinkite orkaitės temperatūrą iki 340°F (171°C). 9 × 13 colių (23 × 33 cm) kepimo skardą išklokite aliuminio folija, apipurkškite neprideganciu kepimo purškalu ir atidėkite į šalį.
d) Dideliame dubenyje elektriniu plaktuvu vidutiniu greičiu išmaišykite sviestą, nesūdytą sviestą, tamsiai rudąjį cukrų ir konditerinį cukrų iki šviesios ir purios masės. Palaipsniui suberkite universalius miltus ir druską, maišykite, kol viskas susimaišys. Įmaišykite ¼ puodelio iriso gabaliukų, kol jie tolygiai pasiskirstys.
e) Tešlą įspauskite į paruoštą skardą ir kepkite 25 minutes arba iki auksinės rudos spalvos. Išimkite iš orkaitės, pabarstykite

juodojo šokolado drožlėmis ir palikite 3 minutes arba kol traškučiai suminkštės.
f) Ant viršaus tolygiai paskleiskite suminkštintą šokoladą ir pabarstykite migdolais, cukruota šonine ir likusiais $\frac{1}{4}$ puodelio iriso gabaliukais. Leiskite atvėsti 2 valandas arba kol šokoladas sustings. Supjaustykite į 16 2 colių (5 cm) kvadratų.
g) Laikymas: Laikyti sandariame inde šaldytuve iki 1 savaitės.

7. Šokoladiniai baltyminiai riešutų batonėliai

Porcijos: 12 batonėlių Paruošimo laikas: 1 val

Ingridientai:
- 100% grynas riešutų sviestas, 250 g
- Skrudintos vyšnių sėklos, 1 ½ arbatinio šaukštelio
- Natūralus jogurtas be riebalų, 110 g
- 100% išrūgų baltymų milteliai, 100 g
- Cinamonas, 1 ½ arbatinio šaukštelio
- Neapdoroti kakavos gabalėliai, 4 arbatiniai šaukšteliai
- 85% juodojo šokolado, 100 g
- Grynas vanilės ekstraktas, 1 valgomasis šaukštas
- 100% žirnių baltymų milteliai, 30 g

Kryptys
a) Visus ingredientus, išskyrus šokoladą, sudėkite į virtuvinį kombainą ir plakite iki vientisos masės.
b) Iš mišinio padarykite 12 batonėlių ir 30 minučių padėkite į šaldytuvą.
c) Kai batonėliai sutvirtės, ištirpinkite šokoladą mikrobangų krosnelėje ir kiekvieną batonėlį panardinkite į jį ir gerai aptepkite.
d) Padengtus batonėlius išdėliokite ant iškloto lakšto ir vėl šaldykite 30 minučių arba tol, kol šokoladas sutvirtės.
e) Mėgautis.

8. Vokiško šokolado baltyminiai batonėliai

Porcijos: 12 batonėlių

Ingridientai:
- Avižos, 1 stiklinė
- Susmulkintas kokosas, ½ puodelio + ¼ puodelio, padalintas
- Sojų baltymų milteliai, ½ puodelio
- Pekano riešutai, ½ puodelio + ¼ puodelio, supjaustyti, padalinti
- Vanduo, iki ¼ puodelio
- Kakavos milteliai, ¼ puodelio
- Vanilės ekstraktas, 1 arbatinis šaukštelis
- Kakavos gabalėliai, 2 šaukštai
- Druska, ¼ arbatinio šaukštelio
- Medjool datulės, 1 puodelis, be kauliukų ir pamirkytos 30 min

Kryptys:
a) Avižas sutrinkite iki smulkių miltų, tada suberkite kakavos miltelius ir baltymų miltelius, dar kartą išmaišykite.
b) Tuo tarpu datules nusausinkite ir sudėkite į virtuvinį kombainą. Pulsuokite 30 sekundžių, tada įpilkite ½ puodelio susmulkinto kokoso ir ½ puodelio pekano riešuto, tada druskos ir vanilės.
c) Dar kartą apdorokite ir po truputį pilkite vandenį ir suformuokite tešlą.
d) Įdėkite tešlą į didelį dubenį ir suberkite likusius pekano riešutus ir kokosą, o tada kakavos gabalėlius.
e) Tešlą dėkite ant pergamentinio popieriaus ir uždenkite kitu pergamentu ir suformuokite storą kvadratą.

f) Šaldykite 2 valandas, tada nuimkite pergamentinį popierių ir supjaustykite į 12 norimo ilgio juostelių.

9. Trijų šokoladinių baltymų pyragų batonėliai

Ingridientai:
- Avižiniai miltai, 1 stiklinė
- Kepimo soda, ½ arbatinio šaukštelio
- Migdolų pienas, ¼ puodelio
- Šokolado išrūgų baltymų milteliai, 1 kaušelis
- Stevijos kepimo mišinys, ¼ puodelio
- Migdolų miltai, ¼ puodelio
- Tamsaus šokolado drožlių, 3 šaukštai
- Druska, ¼ arbatinio šaukštelio
- Graikiniai riešutai, 3 šaukštai, susmulkinti
- Nesaldintos tamsios kakavos milteliai, 3 šaukštai
- Nesaldintas obuolių padažas, 1/3 puodelio
- Kiaušinis, 1
- Paprastas graikiškas jogurtas, ¼ puodelio
- Skysti kiaušinių baltymai, 2 šaukštai
- Vanilės išrūgų baltymų milteliai, 1 kaušelis

Kryptys
a) Įkaitinkite orkaitę iki 350 F.
b) Kepimo skardą ištepkite purškikliu ir palikite nuošalyje.
c) Dideliame dubenyje sumaišykite abu miltus su druska, soda, baltymų milteliais ir tamsios kakavos milteliais. Laikykite nuošalyje.
d) Kitame dubenyje išplakite kiaušinius su stevija ir išplakite iki vientisos masės, tada sudėkite likusius šlapius ingredientus ir vėl išplakite.
e) Palaipsniui įmaišykite drėgną mišinį į sausą mišinį ir gerai išplakite, kad susimaišytų.

f) Įpilkite graikinių riešutų ir šokolado drožlių, švelniai juos sulenkite.
g) Supilkite mišinį į paruoštą skardą ir kepkite 25 minutes.
h) Prieš išimdami iš formos ir pjaustydami leiskite atvėsti

10. Aviečių-šokolado batonėliai

Ingridientai:
- Žemės riešutų arba migdolų sviestas, ½ puodelio
- Linų sėmenys, ¼ puodelio
- Mėlynoji agava, 1/3 puodelio
- Šokolado baltymų milteliai, ¼ puodelio
- Avietės, ½ puodelio
- Greitai paruoštos avižos, 1 puodelis

Kryptys
a) Žemės riešutų sviestą sumaišykite su agava ir virkite ant silpnos ugnies, nuolat maišydami.
b) Kai mišinys pasidarys vientisas, supilkite jį į avižas, linų sėmenis ir baltymus. Gerai ismaisyti.
c) Suberkite avietes ir švelniai sumaišykite.
d) Tešlą perkelkite į paruoštą skardą ir valandą užšaldykite.
e) Supjaustykite į 8 batonėlius, kai bus kietas, ir mėgaukitės.

11. Musli baltymų batonėliai

Ingridientai:
- Nesaldintas migdolų pienas, ½ puodelio
- Medus, 3 šaukštai
- Kvinoja, ¼ puodelio, virta
- Chia sėklos, 1 arbatinis šaukštelis
- Miltai, 1 valgomasis šaukštas
- Šokolado baltymų milteliai, 2 kaušeliai
- Šokolado traškučiai, ¼ puodelio
- Cinamonas, ½ arbatinio šaukštelio
- Prinokęs bananas, ½, sutrintas
- Migdolai, ¼ puodelio, supjaustyti
- Jūsų mėgstamo prekės ženklo muslis, 1 ½ puodelio

Kryptys
a) Įkaitinkite orkaitę iki 350 F.
b) Vidutiniame dubenyje sumaišykite migdolų pieną su bananų koše, chia sėklomis ir medumi ir palikite į šalį.
c) Kitame dubenyje sumaišykite likusius ingredientus ir gerai išmaišykite.
d) Dabar supilkite migdolų pieno mišinį ant sausų ingredientų ir viską gerai išmaišykite.
e) Tešlą perkelkite į skardą ir kepkite 20-25 minutes.
f) Prieš išimdami iš formos ir pjaustydami leiskite atvėsti.

12. Juodojo miško vyšnių batonėliai

Ingridientai:
- 3 21 uncijos. skardinės vyšnių pyrago įdaras, padalintas
- 18-1/2 uncijos pakuotės šokoladinio pyrago mišinys
- 1/4 puodelio aliejaus
- 3 kiaušiniai, sumušti
- 1/4 puodelio vyšnių skonio brendžio arba vyšnių sulčių
- 6 uncijų pakuotės pusiau saldūs šokolado gabaliukai
- Nebūtina: plaktas užpilas

Kryptys
a) Šaldykite 2 skardines pyrago įdaro, kol atvės. Elektriniu plaktuvu mažu greičiu plakite likusį pyrago įdaro skardinę, sausą pyrago mišinį, aliejų, kiaušinius ir brendį arba vyšnių sultis, kol gerai susimaišys.
b) Įmaišykite šokolado drožles.
c) Supilkite tešlą į lengvai riebalais pateptą 13 x 9 colių kepimo formą. Kepkite 350 laipsnių temperatūroje 25–30 minučių, kol dantų krapštuku patikrinsite, ar jis yra švarus; atvėsinti. Prieš patiekdami, ant viršaus tolygiai paskleiskite atšaldytą pyrago įdarą.
d) Jei norite, supjaustykite juostelėmis ir patiekite su plaktu užpilu. Tarnauja nuo 10 iki 12.

13. Spanguolių spragėsių batonėliai

Ingridientai:
- 3 uncijų pakuotės mikrobangų spragėsiai, spraginti
- 3/4 puodelio baltojo šokolado drožlių
- 3/4 puodelio saldintų džiovintų spanguolių
- 1/2 puodelio saldinto kokoso drožlių
- 1/2 puodelio smulkintų migdolų, stambiai pjaustytų
- 10 uncijų pakuotės zefyrai
- 3 T. sviesto

Kryptys

a) 13"x9" kepimo skardą išklokite aliuminio folija; apipurkškite nepridegančiu daržovių purškikliu ir atidėkite į šalį. Dideliame dubenyje sumaišykite kukurūzų spragėsius, šokolado drožles, spanguoles, kokosus ir migdolus; atidėti. Puode ant vidutinės ugnies maišykite zefyrus ir sviestą, kol ištirps ir taps vientisa.

b) Supilkite spragėsių mišinį ir išmeskite, kad visiškai pasidengtų; greitai perkelkite į paruoštą keptuvę.

c) Ant viršaus uždėkite vaško popieriaus lapą; tvirtai nuspauskite. Atvėsinkite 30 minučių arba kol sutvirtės. Pakelkite strypus iš keptuvės, kaip rankenas naudodami foliją; nulupkite foliją ir vaško popierių. Supjaustykite juostelėmis; atvėsinkite dar 30 minučių. Sudaro 16.

14. Sveiki Dolly Bars

Ingridientai:
- 1/2 stiklinės margarino
- 1 puodelis Graham krekerių trupinių
- 1 puodelis saldinto kokoso drožlių
- 6 uncijų pakuotės pusiau saldūs šokolado gabaliukai
- 6 uncijų pakuotės sviesto traškučiai
- 14 uncijų. galima saldinto kondensuoto pieno
- 1 puodelis kapotų pekano riešutų

Kryptys
a) Sumaišykite margariną ir graham krekerių trupinius; įspauskite į lengvai riebalais pateptą 9"x9" kepimo formą. Sluoksniuokite kokoso, šokolado ir sviesto drožlių drožlėmis.
b) Ant viršaus užpilkite kondensuoto pieno; pabarstykite pekano riešutais. Kepkite 350 laipsnių temperatūroje nuo 25 iki 30 minučių. Leiskite atvėsti; supjaustyti batonėliais. Sudaro nuo 12 iki 16.

15. Airijos kremo batonėliai

Ingridientai:

- 1/2 puodelio sviesto, suminkštinto
- 3/4 puodelio plius 1 valgomasis šaukštas universalių miltų, padalintas
- 1/4 stiklinės cukraus pudros
- 2 T. kepimo kakavos
- 3/4 stiklinės grietinės
- 1/2 stiklinės cukraus
- 1/3 puodelio airiško kreminio likerio
- 1 kiaušinis, sumuštas
- 1 arbatinis šaukštelis vanilės ekstrakto
- 1/2 stiklinės plaktos grietinėlės
- Nebūtina: šokoladiniai pabarstukai

Kryptys

a) Dubenyje sumaišykite sviestą, 3/4 puodelio miltų, cukraus pudrą ir kakavą, kol susidarys minkšta tešla.

b) Tešlą įspauskite į neteptą 8"x8" kepimo formą. Kepkite 350 laipsnių temperatūroje 10 minučių.

c) Tuo tarpu atskirame dubenyje suplakite likusius miltus, grietinę, cukrų, likerį, kiaušinį ir vanilę.

d) Gerai išmaišykite; užpilti ant iškepto sluoksnio. Grąžinkite į orkaitę ir kepkite dar 15-20 minučių, kol įdaras sustings.

e) Šiek tiek atvėsinkite; laikykite šaldytuve bent 2 valandas prieš pjaustydami batonėlius. Nedideliame dubenyje dideliu greičiu elektriniu plaktuvu plakite grietinėlę iki standžių putų.

f) Patiekite batonėlius su plaktos grietinėlės gabalėliais ir pabarstukais, jei norite.

16. Bananų sūkuriniai batonėliai

Ingridientai:
- 1/2 puodelio sviesto, suminkštinto
- 1 puodelis cukraus
- 1 kiaušinis
- 1 arbatinis šaukštelis vanilės ekstrakto
- 1-1/2 puodelio bananų, sutrintų
- 1-1/2 puodelio universalių miltų
- 1 arbatinis šaukštelis kepimo miltelių
- 1 arbatinis šaukštelis soda
- 1/2 t. druskos
- 1/4 puodelio kepimo kakavos

Kryptys

a) Dubenyje suplakite sviestą ir cukrų; įdėti kiaušinį ir vanilę. Gerai išmaišykite; įmaišyti bananus. Atidėti. Atskirame dubenyje sumaišykite miltus, kepimo miltelius, soda ir druską; įmaišyti į sviesto mišinį. Padalinkite tešlą per pusę; pusę įpilkite kakavos.

b) Supilkite paprastą tešlą į riebalais išteptą 13"x9" kepimo formą; ant viršaus šaukštą šokoladinės tešlos. Sukite su stalo peiliu; kepkite 350 laipsnių temperatūroje 25 minutes.

c) Saunus; supjaustyti batonėliais. Padaro nuo 2-1/2 iki 3 dešimčių.

17. Moliūgų avižiniai dribsniai bet kuriuo metu kvadratai

Ingridientai:

- Linų kiaušinis, 1 (1 valgomasis šaukštas maltų linų, sumaišytų su 3 šaukštais vandens)
- Avižos be glitimo, ¾ puodelio
- Cinamonas, 1 ½ arbatinio šaukštelio
- Pekano, ½ puodelio, per pusę
- Malto imbiero, ½ arbatinio šaukštelio
- Kokosų cukrus, ¾ puodelio
- Arrowroot milteliai, 1 valgomasis šaukštas
- Malto muskato riešuto, 1/8 arbatinio šaukštelio
- Grynas vanilės ekstraktas, 1 arbatinis šaukštelis
- Rožinė Himalajų jūros druska, ½ arbatinio šaukštelio
- Nesaldinta konservuotų moliūgų tyrė, ½ stiklinės
- Migdolų miltai, ¾ puodelio
- Valcuotų avižų miltai, ¾ stiklinės
- Mini ne dienoraščio šokolado traškučiai, 2 šaukštai
- Kepimo soda, ½ arbatinio šaukštelio

Kryptys

a) Įkaitinkite orkaitę iki 350 F.
b) Kvadratinę skardą išklokite vaško popieriumi ir palikite nuošalyje.
c) Puodelyje supilkite linų kiaušinį ir palikite 5 minutes.
d) Ištrinkite tyrę su cukrumi ir supilkite linų kiaušinį bei vanilę. Dar kartą plakite, kad sujungtumėte.
e) Dabar įpilkite kepimo sodos, po to cinamono, muskato riešuto, imbiero ir druskos. Gerai sumuškite.

f) Galiausiai suberkite miltus, avižas, šaknį, pekano riešutus ir migdolų miltus ir plakite, kol gerai susimaišys.
g) Tešlą perkelkite į paruoštą skardą ir apibarstykite šokolado drožlėmis.
h) Kepkite 15-19 minučių.
i) Prieš išimdami iš keptuvės ir pjaustydami leiskite visiškai atvėsti.

18. Raudonojo aksomo moliūgų batonėliai

Ingridientai:
- Maži virti burokėliai, 2
- Kokosų miltai, ¼ puodelio
- Ekologiškas moliūgų sėklų sviestas, 1 valgomasis šaukštas
- Kokosų pienas, ¼ puodelio
- Vanilės išrūgos, ½ puodelio
- 85% tamsus šokoladas, lydytas

Kryptys
a) Sumaišykite visus sausus ingredientus, išskyrus šokoladą.
b) Supilkite pieną ant sausų ingredientų ir gerai sumaišykite.
c) Suformuokite vidutinio dydžio juosteles.
d) Ištirpinkite šokoladą mikrobangų krosnelėje ir palikite keletą sekundžių atvėsti. Dabar kiekvieną plytelę pamerkite į ištirpintą šokoladą ir gerai aptepkite.
e) Šaldykite, kol šokoladas sustings ir sutvirtės.
f) Mėgautis.

19. Šokolado žievė su cukruotais pekano riešutais

Ingridientai:

- 2 šaukštai sviesto
- 1 puodelis pekano puselės
- 2 šaukštai šviesaus arba tamsiai rudojo cukraus, tvirtai supakuoti
- 2 puodeliai tamsaus šokolado drožlių
- 2 šaukštai kristalizuoto imbiero

Kryptys

a) Mažame puode ant mažos ugnies kaitinkite sviestą 2-3 minutes arba kol visiškai ištirps. Sudėkite pekano riešutų puseles ir maišykite 3-5 minutes, kol pasidarys kvapnus ir riešutinis. Įmaišykite šviesiai rudąjį cukrų, nuolat maišydami, maždaug 1 minutę arba tol, kol pekano riešutai tolygiai pasidengs ir pradės karamelizuotis. Nuimkite nuo ugnies.

b) Karamelizuotas pekano riešutas paskleiskite ant kepimo popieriaus ir leiskite atvėsti. Smulkiai supjaustykite pekano riešutus ir atidėkite.

c) Dvigubame katile ant vidutinės ugnies maišykite juodojo šokolado drožles 5-7 minutes arba kol visiškai ištirps.

d) Ant kepimo popieriumi išklotos skardos ištepame ištirpintą šokoladą.

e) Ant viršaus tolygiai pabarstykite karamelizuotus pekano riešutus ir kristalizuotą imbierą. Atidėkite 1-2 valandoms arba kol šokoladas sustings. Supjaustykite arba sulaužykite žievę į 6 lygias dalis.

f) Laikymas: Laikyti uždengtą hermetiškame inde šaldytuve iki 6 savaičių arba šaldiklyje iki 6 mėnesių.

20. Crunch Bars

Ingridientai

- 1 puodelis SunButter (bet kokios veislės)
- 4 šaukštai gryno klevų sirupo
- 3 šaukštai kokoso miltų
- 1 puodelis susmulkintų dribsnių
- Pabarstykite rožine Himalajų jūros druska
- Purslai Simply Organic Foods gryno vanilės ekstrakto Papildomas SunButter, kad suktųsi ant viršutinio sluoksnio

PASIRENKAMA

- Mėgaukitės Life Foods tamsaus šokolado kąsneliais
- Šaukštas kokosų aliejaus
- Papildoma rožinė Himalajų jūros druska

Kryptys

a) Virtuviniame kombaine sumaišykite SunButter, klevų sirupą ir vanilės ekstraktą. Sumaišykite kokoso miltus, susmulkintus dribsnius ir jūros druską. Turi susidaryti tešlos konsistencija. Perkelkite į kepimo popieriumi išklotą pyrago formą ir tolygiai paskleiskite. Įdėkite į šaldiklį 10 minučių.

b) Tai neprivaloma, tačiau tuo tarpu kartu ištirpinkite saują šokolado drožlių ir šiek tiek kokosų aliejaus. Išimkite keptuvę iš šaldiklio, aptepkite ištirpintu šokoladu, ant viršaus uždėkite dar kelis šaukštus SunButter ir pasukite dantų krapštuku. Pabarstykite jūros druska ir vėl įdėkite į šaldiklį nakčiai.

c) Kitą dieną išimkite, supjaustykite gabalėliais ir laikykite šaldytuve iki savaitės... bet yra tikimybė, kad jie truks neilgai.

21. Veganiški saldainių batonėliai

Ingridientai

KARAMELĖS SLUOKSNIS

- 1 puodelis tvirtai supakuotų datulių be kauliukų, mirkytų vandenyje per naktį
- 2 šaukštai SunButter (bet kokios veislės)
- 2 šaukštai kokosų aliejaus
- 2 arbatinius šaukštelius jūros druskos
- 2 šaukštai jakono sirupo (arba medaus, jei ne veganiškas)
- Neapdoroti anakardžiai

BAZĖ

- 1 puodelis Nuzest USA vanilės baltymų
- 1 stiklinė avižinių miltų
- 2 šaukštai SunButter (bet kokios veislės)
- 2 šaukštai kokosų aliejaus
- 3/4 puodelio vandens

DANGA

- Pasirinktas šokoladas

Kryptys

a) Nusausinkite datas ir rezervuokite mirkymo vandenį. Visus karamelės ingredientus (išskyrus anakardžius) sutrinkite trintuvu iki vientisos masės. (Nenaudokite datulių vandens.) Atidėkite į šalį.

b) Dideliame dubenyje sumaišykite Nuzest USA ir avižų miltus.

c) Ištirpinkite SunButter ir kokosų aliejų kartu, tada įpilkite į miltų mišinį. Gerai išmaišykite, tada įpilkite rezervuoto vandens iš datulių ir vėl išmaišykite. Turėtumėte turėti gražią „žaidimo tešlos" konsistenciją.

d) Išklokite pasirinktą indą arba kepimo skardą vašku arba pergamentiniu popieriumi, kad būtų lengviau išimti, tada įspauskite tešlą į formą. Ant tešlos viršaus pabarstykite norimą kiekį anakardžių, tada anakardžius užpilkite karamele.

e) Šaldykite keletą valandų, kol karamelė sutvirtės. Supjaustykite norimos formos / dydžio griežinėliais ir kiekvieną gabalėlį aptepkite arba apšlakstykite ištirpintu šokoladu. Laikyti šaldytuve arba šaldiklyje.

22. Šokoladiniai kokoso baltymų batonėliai

Ingridientai

- 1 puodelis datulių be kauliukų
- 1/2 puodelio SunButter
- 1/2 stiklinės kokosų miltų
- 1/4 puodelio plius 3 šaukštai šokolado augalinės kilmės baltymų miltelių
- 1/4 puodelio nesaldinto obuolių padažo
- 3 šaukštai chia sėklų
- Truputis druskos

Kryptys

a) Visus ingredientus sudėkite į virtuvinį kombainą ir plakite, kol susidarys tešla.

b) Įspauskite į duonos skardą, užšaldykite 1-2 valandas, tada supjaustykite į tiek batonėlių, kiek norite!

23. Konfeti barai

Ingridientai

FUDŽŲ SLUOKSNIS

- 2 puodeliai alergijai nekenksmingų kvadratinių pyragų
- 1/2 puodelio alergijai nekenksmingas patrumpinimas
- 1/2 puodelio SunButter (bet kokios veislės)
- 2 puodeliai cukraus pudros

ŠOKOLADINIS MARSHMALOW SLUOKSNIS

- 1 puodelis alergiškų šokolado drožlių
- 1 perpildytas puodelis mini zefyrų

PLAKŠTI SLUOKSNIU

- 1 veganiško baltojo šokolado plytelė
- Susmulkinti vaivorykštiniai pabarstukai

Kryptys

a) Išklokite 9x9 colių skardą pergamentu arba vaškuotu popieriumi. Iškirpkite plyšius kiekviename kampe, kad popierius būtų lygiai prigludęs prie šonų. Ant keptuvės dugno tolygiai paskleiskite vieną sluoksnį klingerių.

b) Į mikrobangų krosnelėje saugų dubenį įpilkite sutrumpinimo ir SunButter. Mikrobangų krosnelėje 1 minutę ir išmaišykite. Į dubenį suberkite cukraus pudrą ir gerai išmaišykite. Lėtai supilkite SunButter mišinį ant klingerų, kiekvieną uždengdami. Atlikdami kitą veiksmą, įdėkite keptuvę į šaldiklį.

c) Įdėkite šokoladą į vidutinio dydžio mikrobangų krosnelėje saugų dubenį. Mikrobangų krosnelę kaitinkite kas 40 sekundžių ir maišykite, kol šokoladas visiškai ištirps. Į dubenį suberkite zefyrus ir išmaišykite, kad pasidengtų šokoladu. Išimkite keptuvę iš šaldiklio ir supilkite šokoladinį zefyrų mišinį ant SunButter sluoksnio, tolygiai paskirstydami. Įdėkite paprastus zefyrus tarp šokoladinių zefyrų, kad užpildytumėte visas skylutes.

d) Įdėkite susmulkintą veganišką baltojo šokolado plytelę į mažą mikrobangų krosnelėje saugų dubenį. Mikrobangų krosnelę kaitinkite kas 40 sekundžių ir maišykite, kol visiškai ištirps. Ant SunButter mišinio apšlakstykite ištirpintą baltąjį šokoladą ir pabarstykite vaivorykštiniais pabarstukais. Atvėsinkite batonėlius šaldytuve arba šaldiklyje, kol jie visiškai sustings. Supjaustykite 1 colio juostelėmis ir laikykite sandariai uždarytoje talpykloje šaldytuve.

24. Sūdyti karameliniai anakardžių batonėliai

Ingridientai:
- 2 puodeliai universalių miltų
- ½ arbatinio šaukštelio kepimo miltelių
- ½ arbatinio šaukštelio druskos
- 12 šaukštų sviesto, kambario temperatūros
- 6 valgomieji šaukštai nesūdyto sviesto, supjaustyto gabalėliais
- 1 puodelis šviesiai rudojo cukraus, tvirtai supakuotas
- 1 didelis kiaušinis
- 3 arbatiniai šaukšteliai vanilės ekstrakto
- 1½ stiklinės granuliuoto cukraus
- 1 puodelis riebios grietinėlės
- 2 puodeliai sūdytų, skrudintų anakardžių

a) Įkaitinkite orkaitę iki 340 ° F (171 ° C). 9 × 13 colių (23 × 33 cm) kepimo skardą išklokite kepimo popieriumi ir atidėkite į šalį. Mažame dubenyje sumaišykite universalius miltus, kepimo miltelius ir ¼ arbatinio šaukštelio druskos. Atidėti.
b) Vidutiniame dubenyje elektriniu plaktuvu vidutiniu greičiu 5 minutes sumaišykite 6 šaukštus sviesto, nesūdytą sviestą ir šviesiai rudąjį cukrų, kol pasidarys šviesūs ir purūs. Įdėkite kiaušinį ir 1 arbatinį šaukštelį vanilės ekstrakto ir plakite 2 minutes mažu greičiu, kol susimaišys.
c) Suberkite miltų mišinį ir plakite vidutiniu greičiu 2-3 minutes. Į paruoštą skardą įspauskite plutos mišinį. Atvėsinkite 30 minučių.
d) Vidutinėje nepridegančioje keptuvėje ant vidutinės ugnies įkaitinkite granuliuotą cukrų. Kai pamatysite, kad cukrus pradeda dažyti, maišykite, kol jis taps šviesiai rudas, maždaug 5-7 minutes. Atsargiai supilkite riebią grietinėlę ir išmaišykite iki vientisos masės.

e) Sumažinkite ugnį iki minimumo ir įpilkite likusius 6 šaukštus sviesto, likusius 2 arbatinius šaukštelius vanilės ekstrakto ir likusius $\frac{1}{4}$ arbatinio šaukštelio druskos. Maišykite, kol sviestas ištirps ir nukelkite nuo ugnies.
f) Į karamelės mišinį įmaišykite anakardžius. Karamelės ir anakardžių mišinį supilkite į keptuvę ant atvėsusios plutos. Kepkite 20 minučių, kol sustings. Prieš pjaustydami leiskite gerai atvėsti.

25. Pistacijų karamelės

Ingridientai:
- ½ puodelio sviesto
- 2 puodeliai tamsiai rudojo cukraus, tvirtai supakuoti
- ½ puodelio tamsaus kukurūzų sirupo
- 2 puodeliai riebios grietinėlės
- ¼ arbatinio šaukštelio druskos
- 1 puodelis kapotų pistacijų, skrudintų
- 2 arbatiniai šaukšteliai vanilės ekstrakto

Kryptys

a) 8 colių (20 cm) kvadratinę keptuvę išklokite aliuminio folija, apipurkškite nepridegančiu kepimo purškalu ir atidėkite į šalį.

b) Vidutiniame puode ant silpnos ugnies ištirpinkite sviestą. Įpilkite tamsiai rudojo cukraus, tamsaus kukurūzų sirupo, 1 puodelį riebios grietinėlės ir druskos. Retkarčiais pamaišydami užvirinkite 12–15 minučių arba tol, kol ant saldainių termometro mišinys pasieks 225 °F (110 °C).

c) Lėtai įpilkite likusią 1 puodelį riebios grietinėlės. Užvirinkite mišinį ir virkite dar 15 minučių arba kol pasieks 250°F (120°C). Nukelkite nuo ugnies ir supilkite pistacijas bei vanilės ekstraktą. Supilkite į paruoštą keptuvę.

d) Prieš išimdami iš folijos ir supjaustydami į 48 dalis, atvėsinkite mažiausiai 3 valandas.

e) Iškirpkite vaškinį popierių į 48 3 colių (7,5 cm) kvadratus. Kiekvieną karamelę padėkite į vaško popieriaus kvadrato centrą, susukite popierių aplink karamelę ir pasukite popieriaus galus.

26. Pagrindiniai kalkių kvadratai

Ingridientai:
- 4 valgomieji šaukštai nesūdyto sviesto, kambario temperatūros
- 4 valgomieji šaukštai sviesto, kambario temperatūros
- ½ puodelio konditerinio cukraus
- 2 puodeliai plius 5 šaukštai universalių miltų
- 1 arbatinis šaukštelis vanilės ekstrakto
- Žiupsnelis druskos
- 4 dideli kiaušiniai, lengvai sumušti
- 1¾ stiklinės granuliuoto cukraus
- ¼ puodelio Key laimo sulčių
- 1 valgomasis šaukštas tarkuotos laimo žievelės

Kryptys
1. Įkaitinkite orkaitę iki 340 ° F (171 ° C). Lengvai padenkite 9 × 13 colių (23 × 33 cm) kepimo skardą nepridegančiu kepimo purškalu ir atidėkite į šalį.
2. Dideliame dubenyje elektriniu plaktuvu plakite nesūdytą sviestą, sviestą ir konditerinį cukrų vidutiniu greičiu 3–4 minutes arba kol pasidarys šviesus ir purus.
3. Įpilkite universalių miltų, vanilės ekstrakto ir druskos ir maišykite dar 2–3 minutes arba kol gerai susimaišys.
4. Tešlą įspauskite į paruoštos formos dugną. Kepkite nuo 20 iki 23 minučių iki šviesiai auksinės rudos spalvos. Leiskite plutai atvėsti 10 minučių.
5. Dideliame dubenyje išplakite kiaušinius ir granuliuotą cukrų. Supilkite Key laimo sultis ir laimo žievelę ir gerai išplakite.
6. Supilkite mišinį ant atvėsusios plutos ir kepkite 23–25 minutes arba kol sustings. Prieš pjaustydami į 12 kvadratų, visiškai atvėsinkite.

7. Laikymas: sandariai suvyniotą į plastikinę plėvelę laikyti šaldytuve iki 5 dienų.

27. Cukriniai šoninės iriso kvadratėliai

Ingridientai:
- 8 griežinėliai šoninės
- ¼ puodelio šviesiai rudojo cukraus, tvirtai supakuoto
- 8 šaukštai sviesto, suminkštinto
- 2 valgomieji šaukštai nesūdyto sviesto, suminkštinto
- ⅓puodelio tamsiai rudojo cukraus, tvirtai supakuoto
- ⅓puodelio konditerių cukraus
- 1½ stiklinės universalių miltų
- ½ arbatinio šaukštelio druskos
- ½ puodelio iriso gabaliukų
- 1 puodelis tamsaus šokolado drožlių
- ⅓puodelio kapotų migdolų

Kryptys
a) Įkaitinkite orkaitę iki 350 ° F (180 ° C). Vidutiniame dubenyje suberkite šoninę ir šviesiai rudąjį cukrų ir išdėliokite vienu sluoksniu ant kepimo skardos.

b) Kepkite 20–25 minutes arba tol, kol šoninė bus auksinė ir traški. Išimkite iš orkaitės ir leiskite atvėsti 15–20 minučių. Supjaustykite mažais gabalėliais.

c) Sumažinkite orkaitės temperatūrą iki 340°F (171°C). 9 × 13 colių (23 × 33 cm) kepimo skardą išklokite aliuminio folija, apipurkškite nepridegančiu kepimo purškalu ir atidėkite į šalį.

d) Dideliame dubenyje elektriniu plaktuvu vidutiniu greičiu išmaišykite sviestą, nesūdytą sviestą, tamsiai rudąjį cukrų ir konditerinį cukrų iki šviesios ir purios masės. Palaipsniui suberkite universalius miltus ir druską, maišykite, kol viskas susimaišys. Įmaišykite ¼ puodelio iriso gabaliukų, kol jie tolygiai pasiskirstys.

e) Tešlą įspauskite į paruoštą skardą ir kepkite 25 minutes arba iki auksinės rudos spalvos. Išimkite iš orkaitės, pabarstykite juodojo šokolado drožlėmis ir palikite 3 minutes arba kol traškučiai suminkštės.
f) Ant viršaus tolygiai paskleiskite suminkštintą šokoladą ir pabarstykite migdolais, cukruota šonine ir likusiais $\frac{1}{4}$ puodelio iriso gabaliukais. Leiskite atvėsti 2 valandas arba kol šokoladas sustings. Supjaustykite į 16 2 colių (5 cm) kvadratų.
g) Laikymas: Laikyti sandariame inde šaldytuve iki 1 savaitės.

28. Karameliniai graikinių riešutų svajonių batonėliai

Ingridientai:
- 1 dėžutė geltono pyrago mišinio
- 3 šaukštai suminkštinto sviesto
- 1 kiaušinis
- 14 uncijų saldinto kondensuoto pieno
- 1 kiaušinis
- 1 arbatinis šaukštelis gryno vanilės ekstrakto
- 1/2 puodelio smulkiai sumaltų graikinių riešutų
- 1/2 puodelio smulkiai sumalto iriso gabaliukų

Kryptys:
a) Įkaitinkite orkaitę iki 350. Paruoškite stačiakampę pyrago formą su kepimo purkštuvu, tada atidėkite.
b) Dubenyje sumaišykite pyrago mišinį, sviestą ir vieną kiaušinį, tada išmaišykite iki trupinių. Paspauskite mišinį ant paruoštos keptuvės dugno, tada atidėkite.
c) Kitame dubenyje sumaišykite pieną, likusį kiaušinį, ekstraktą, graikinius riešutus ir iriso gabaliukus.
d) Gerai išmaišykite ir supilkite ant keptuvės pagrindo. Kepkite 35 minutes.

29. Lėtiniai pekano batonėliai

- 2 puodeliai pekano puselės
- 1 puodelis maniokos miltų
- 1/2 puodelio auksinių linų sėmenų miltelių
- 1/2 puodelio nesaldinto susmulkinto kokoso
- 1/2 puodelio kokosų aliejaus
- 1/4 puodelio medaus
- 1/4 arbatinio šaukštelio skystos stevijos

Kryptys
1. Išmatuokite 2 puodelius pekano puselių ir kepkite 6-8 minutes 350 F orkaitėje. Pakanka, kai jie pradeda tapti aromatingi.
2. Išimkite pekano riešutus iš orkaitės ir sudėkite į plastikinį maišelį. Naudokite kočėlą, kad susmulkintumėte juos į gabalus. Tai neturi per daug reikšmės nuoseklumui,

3. Sumaišykite sausus ingredientus į dubenį: 1 puodelį maniokos miltų, 1/2 puodelio auksinių linų sėmenų miltų ir 1/2 puodelio nesaldinto susmulkinto kokoso.
4. Į dubenį suberkite susmulkintus pekano riešutus ir vėl išmaišykite.
5. Galiausiai įpilkite 1/2 puodelio kokosų aliejaus, 1/4 puodelio medaus ir 1/4 arbatinio šaukštelio skystosios stevijos. Tai gerai išmaišykite, kol susidarys trapi tešla.
6. Tešlą įspauskite į troškinimo indą.
7. Kepkite 20-25 minutes 350 F temperatūroje arba kol kraštai lengvai paruduos.
8. Išimkite iš orkaitės; leisti iš dalies atvėsti ir bent 1 valandai palaikyti šaldytuve.
9. Supjaustykite į 12 griežinėlių ir išimkite mentele.

30. Migdolų sviesto chia kvadratėliai

Ingridientai

- 1/2 puodelio žalių migdolų
- 1 valgomasis šaukštas + 1 arbatinis šaukštelis kokosų aliejaus
- Šaukštai DABAR Eritritolis
- 2 Šaukštai Sviesto
- 1/4 puodelio riebios grietinėlės
- 1/4 arbatinio šaukštelio skystos stevijos
- 1 1/2 arbatinio šaukštelio vanilės ekstrakto

Kryptys

1. Į keptuvę įpilkite 1/2 puodelio žalių migdolų ir paskrudinkite apie 7 minutes ant vidutinės-mažos ugnies. Tik tiek, kad pradėtumėte jausti sklindantį riešutų kvapą.
2. Riešutus suberkite į virtuvinį kombainą ir sumalkite.
3. Kai jie pasieks miltų konsistenciją, įpilkite 2 valgomuosius šaukštus NOW eritritolio ir 1 arbatinį šaukštelį kokosų aliejaus.
4. Toliau malkite migdolus, kol susidarys migdolų sviestas, sviestas paruduos.
5. Kai sviestas paruduos, į sviestą įpilkite 1/4 puodelio sunkiosios grietinėlės, 2 šaukštus DABAR eritritolio, 1/4 arbatinio šaukštelio skystosios stevijos ir 1 1/2 šaukštelio vanilės ekstrakto. Kaitrą sumažinkite iki mažos ir gerai išmaišykite, kol grietinėlės burbuliuoja.
6. 1/4 puodelio Chia sėklų sumalkite prieskonių trintuve, kol susidarys milteliai.

7. Pradėkite skrudinti chia sėklas ir 1/2 puodelio nesaldintų susmulkintų kokoso drožlių keptuvėje ant vidutinės ugnies. Norite, kad kokosas šiek tiek paruduotų.
8. Į sviesto ir riebios grietinėlės mišinį įpilkite migdolų sviesto ir gerai išmaišykite. Leiskite jam virti į pasta.
9. Į kvadratinę (arba bet kokio dydžio) kepimo formą sudėkite migdolų sviesto mišinį, skrudintą chia ir kokoso mišinį bei 1/2 puodelio kokosų grietinėlės. Kokosų grietinėlę galite įdėti į keptuvę, kad ji šiek tiek ištirptų prieš dedant.
10. Įpilkite 1 valgomąjį šaukštą kokosų aliejaus ir 2 valgomuosius šaukštus kokosų miltų ir viską gerai išmaišykite.
11. Pirštais gerai supakuokite mišinį į kepimo formą.
12. Mišinį laikykite šaldytuve bent valandą ir išimkite iš kepimo formos. Dabar jis turėtų išlaikyti formą.
13. Susmulkinkite mišinį kvadratėliais ar bet kokia norima forma ir padėkite atgal į šaldytuvą dar bent kelioms valandoms. Galite naudoti mišinio perteklių, kad susidarytumėte daugiau kvadratų, bet aš jį suvalgiau.
14. Išimkite ir užkandžiaukite kaip norite!

31. Šokoladiniai baltyminiai riešutų batonėliai

Porcijos: 12 batonėlių

Ingridientai:

- 100% grynas riešutų sviestas, 250 g
- Skrudintos vyšnių sėklos, 1 ½ arbatinio šaukštelio
- Natūralus jogurtas be riebalų, 110 g
- 100% išrūgų baltymų milteliai, 100 g
- Cinamonas, 1 ½ arbatinio šaukštelio
- Neapdoroti kakavos gabalėliai, 4 arbatiniai šaukšteliai
- 85% juodojo šokolado, 100 g
- Grynas vanilės ekstraktas, 1 valgomasis šaukštas
- 100% žirnių baltymų milteliai, 30 g

Kryptys

a) Visus ingredientus, išskyrus šokoladą, sudėkite į virtuvinį kombainą ir plakite iki vientisos masės.
b) Iš mišinio padarykite 12 batonėlių ir 30 minučių padėkite į šaldytuvą.
c) Kai batonėliai sutvirtės, ištirpinkite šokoladą mikrobangų krosnelėje ir kiekvieną batonėlį panardinkite į jį ir gerai aptepkite.
d) Padengtus batonėlius išdėliokite ant iškloto lakšto ir vėl šaldykite 30 minučių arba tol, kol šokoladas sutvirtės.
e) Mėgautis.

32. Vokiško šokolado baltyminiai batonėliai

Porcijos: 12 batonėlių

Ingridientai:

- Avižos, 1 stiklinė
- Susmulkintas kokosas, ½ puodelio + ¼ puodelio, padalintas
- Sojų baltymų milteliai, ½ puodelio
- Pekano riešutai, ½ puodelio + ¼ puodelio, supjaustyti, padalinti
- Vanduo, iki ¼ puodelio
- Kakavos milteliai, ¼ puodelio
- Vanilės ekstraktas, 1 arbatinis šaukštelis
- Kakavos gabalėliai, 2 šaukštai
- Druska, ¼ arbatinio šaukštelio
- Medjool datulės, 1 puodelis, be kauliukų ir pamirkytos 30 min

Kryptys

a) Avižas sutrinkite iki smulkių miltų, tada suberkite kakavos miltelius ir baltymų miltelius, dar kartą išmaišykite.

b) Tuo tarpu datules nusausinkite ir sudėkite į virtuvinį kombainą. Pulsuokite 30 sekundžių, tada įpilkite ½ puodelio susmulkinto kokoso ir ½ puodelio pekano riešuto, tada druskos ir vanilės.

c) Dar kartą apdorokite ir po truputį pilkite vandenį ir suformuokite tešlą.

d) Įdėkite tešlą į didelį dubenį ir suberkite likusius pekano riešutus ir kokosą, o tada kakavos gabalėlius.

e) Tešlą dėkite ant pergamentinio popieriaus ir uždenkite kitu pergamentu ir suformuokite storą kvadratą.

f) Šaldykite 2 valandas, tada nuimkite pergamentinį popierių ir supjaustykite į 12 norimo ilgio juostelių.

33. Blueberry Bliss baltymų batonėliai

Ingridientai:
- 100% grynos neužterštos valcuotos avižos, 1 + ½ stiklinės
- Pepitas, 1/3 puodelio
- Sveiki migdolai, ¾ puodelio
- Nesaldintas obuolių padažas ¼ puodelio
- Džiovintos mėlynės, ½ puodelio
- Saulėgrąžų sėklos, ¼ puodelio
- Migdolų sviestas, 1 stiklinė
- Klevų sirupas, 1/3 puodelio
- Graikiniai riešutai, 1/3 puodelio
- Pistacijos, ½ puodelio
- Malti linų sėmenys, 1/3 stiklinės

Kryptys

a) Kepimo skardą išklokite vaško popieriumi ir palikite nuošalyje.
b) Dideliame dubenyje sumaišykite avižas, migdolus, saulėgrąžas, džiovintas uogas, graikinius riešutus, pistacijas, linų sėmenis ir pepitas.
c) Ant viršaus užpilkite obuolių padažo ir klevų sirupo ir gerai išmaišykite.
d) Dabar įpilkite sviesto ir gerai išmaišykite.
e) Perkelkite tešlą į keptuvę ir išlyginkite iš viršaus.
f) Užšaldykite valandą. Kai mišinys visiškai sustings, išverskite jį ant stalviršio.
g) Supjaustykite norimo storio ir ilgio į 16 juostelių.

34. Šokolado drožlių žemės riešutų sviesto baltymų batonėliai

Ingridientai:
- Kokosų miltai, ¼ puodelio
- Vanilinio kremo stevia, 1 arbatinis šaukštelis
- Žemės riešutų miltai, 6 šaukštai
- Vanilės ekstraktas, 1 arbatinis šaukštelis
- Druska, ¼ arbatinio šaukštelio
- Miniatiūriniai šokolado gabaliukai, 1 valgomasis šaukštas
- Kokosų aliejus, 1 arbatinis šaukštelis, ištirpintas ir šiek tiek atvėsintas
- Sojų baltymų izoliatas, 6 šaukštai
- Nesaldintas anakardžių pienas, ½ puodelio + 2 šaukštai

Kryptys

a) Kepimo formą išklokite vaško popieriumi. Laikykite nuošalyje.
b) Abu miltus sumaišykite su sojos baltymais ir druska.
c) Kitame dubenyje sumaišykite kokosų pieną su stevija, anakardžių pienu ir vanile. Šį mišinį palaipsniui supilkite į miltų mišinį ir gerai išplakite, kad susimaišytų.
d) Dabar įpilkite ½ šokolado drožlių ir švelniai įmaišykite juos į mišinį.
e) Supilkite mišinį į paruoštą kepimo formą ir tolygiai paskirstykite mentele.
f) Pabarstykite likusiais šokolado drožlėmis ir užšaldykite 3 valandas.
g) Supjaustykite norimo storio ir ilgio.

35. Neapdorotų moliūgų kanapių sėklų baltymų batonėliai

Ingridientai:
- Medjool datulės, ½ puodelio, be kauliukų
- Vanilės ekstraktas, ½ arbatinio šaukštelio
- Moliūgų sėklos, ¼ puodelio
- Druska, ¼ arbatinio šaukštelio
- Cinamonas, ½ arbatinio šaukštelio
- Kanapių sėklų sviestas, ½ puodelio
- Muskato riešutas, ¼ arbatinio šaukštelio
- Vanduo, ¼ puodelio
- Neapdorotos avižos, 2 stiklinės
- Chia sėklos, 2 šaukštai

Kryptys

a) Kepimo skardą išklokite kepimo popieriumi ir palikite nuošalyje. Pamirkykite datules 30 minučių, tada išmaišykite iki vientisos masės.

b) Supilkite mišinį į dubenį, įpilkite kanapių sviesto ir gerai išmaišykite.

c) Dabar sudėkite likusius ingredientus ir švelniai sulenkite, kad gerai įsimaišytų.

d) Perkelkite į keptuvę ir mentele išlyginkite.

e) Įdėkite į šaldytuvą 2 valandoms, tada supjaustykite į 16 batonėlių.

36. Imbiero vanilės baltymų traškumo batonėliai

Ingridientai:
- Sviestas, 2 šaukštai
- Avižos, 1 stiklinė
- Žali migdolai, ½ puodelio, susmulkinti
- Kokosų pienas, ¼ puodelio
- Susmulkintas kokosas, ¼ puodelio
- Baltymų milteliai (vanilė), 2 kaušeliai
- Klevų sirupas, ¼ puodelio
- Kristalizuotas imbieras, ½ puodelio, susmulkintas
- Kukurūzų dribsniai, 1 puodelis, susmulkinti į stambius trupinius Saulėgrąžų sėklos, ¼ puodelio

Kryptys

a) Keptuvėje ištirpinkite sviestą ir supilkite klevų sirupą. Gerai išmaišykite.

b) Įpilkite pieno, tada baltymų miltelių ir gerai išmaišykite, kad susimaišytų. Kai mišinys pasidarys vientisas, išjunkite ugnį.

c) Į didelį dubenį suberkite saulėgrąžų sėklas, migdolus, avižas, kukurūzų dribsnius ir ¾ imbiero gabalėlių.

d) Supilkite mišinį ant sausų ingredientų ir gerai išmaišykite.

e) Perkelkite į vaško popieriumi paruoštą kepimo formą ir paskleiskite lygiu sluoksniu.

f) Ant viršaus uždėkite likusį imbierą ir kokosą. Kepkite 20 minučių 325 F temperatūroje. Prieš pjaustydami leiskite atvėsti.

37. Žemės riešutų sviesto pyrago batonėliai

Ingridientai:
- Sojų traškučiai, 5 stiklinės
- Vanduo, ½ puodelio
- Mini klinšo suktukai, 6, grubiai supjaustyti
- Žemės riešutų sviesto milteliai, 6 šaukštai
- Žemės riešutai, 2 šaukštai, grubiai pjaustyti
- Sojų baltymų milteliai, 6 šaukštai
- Žemės riešutų sviesto traškučiai, 2 šaukštai, perpjauti per pusę Agavos, 6 šaukštai

Kryptys

a) Apipurkškite kepimo skardą kepimo purškikliu ir palikite nuošalyje.
b) Sojų traškučius apdorokite virtuviniu kombainu ir sudėkite į dubenį.
c) Įpilkite baltymų miltelių ir išmaišykite.
d) Įkaitinkite puodą ir įpilkite vandens, agavos ir sviesto miltelių. Maišykite kepdami ant vidutinės ugnies 5 minutes. Leiskite mišiniui kelias sekundes pavirti ir sojų mišinį nuolat maišydami.
e) Perkelkite mišinį į paruoštą keptuvę ir ant viršaus uždėkite riestainių, žemės riešutų ir žemės riešutų sviesto drožlių.
f) Šaldykite iki standumo. Supjaustykite juostelėmis ir mėgaukitės.

38. Spanguolių migdolų baltymų batonėliai

.Ingridientai:
- Skrudinti jūros druskos migdolai, 2 stiklinės
- Nesaldintos kokoso drožlės, ½ puodelio
- Pūstų ryžių dribsniai, 2/3 stiklinės
- Vanilės ekstraktas, 1 arbatinis šaukštelis
- Džiovintos spanguolės, 2/3 stiklinės
- Kanapių sėklos, 1 kupinas šaukštas
- Rudųjų ryžių sirupas, 1/3 puodelio medaus, 2 šaukštai

Kryptys

a) Migdolus sumaišykite su spanguolėmis, kanapių sėklomis, ryžių dribsniais ir kokosu. Laikykite nuošalyje.
b) Į puodą įpilkite medaus, tada vanilės ir ryžių sirupo. Išmaišykite ir virkite 5 minutes.
c) Supilkite padažą ant sausų ingredientų ir greitai išmaišykite, kad susimaišytų.
d) Perkelkite mišinį į paruoštą kepimo skardą ir paskleiskite lygiu sluoksniu.
e) Šaldykite 30 minučių.
f) Kai jie sustings, supjaustykite juos norimo dydžio batonėliais ir mėgaukitės.

39. Trijų šokoladinių baltymų pyragų batonėliai

Ingridientai:

- Avižiniai miltai, 1 stiklinė
- Kepimo soda, ½ arbatinio šaukštelio
- Migdolų pienas, ¼ puodelio
- Šokolado išrūgų baltymų milteliai, 1 kaušelis
- Stevijos kepimo mišinys, ¼ puodelio
- Migdolų miltai, ¼ puodelio
- Tamsaus šokolado drožlių, 3 šaukštai
- Druska, ¼ arbatinio šaukštelio
- Graikiniai riešutai, 3 šaukštai, susmulkinti
- Nesaldintos tamsios kakavos milteliai, 3 šaukštai
- Nesaldintas obuolių padažas, 1/3 puodelio
- Kiaušinis, 1
- Paprastas graikiškas jogurtas, ¼ puodelio
- Skysti kiaušinių baltymai, 2 šaukštai
- Vanilės išrūgų baltymų milteliai, 1 kaušelis

Kryptys

a) Įkaitinkite orkaitę iki 350 F.
b) Kepimo skardą ištepkite purškikliu ir palikite nuošalyje.
c) Dideliame dubenyje sumaišykite abu miltus su druska, soda, baltymų milteliais ir tamsios kakavos milteliais. Laikykite nuošalyje.
d) Kitame dubenyje išplakite kiaušinius su stevija ir išplakite iki vientisos masės, tada sudėkite likusius šlapius ingredientus ir vėl išplakite.

e) Palaipsniui įmaišykite drėgną mišinį į sausą mišinį ir gerai išplakite, kad susimaišytų.
f) Įpilkite graikinių riešutų ir šokolado drožlių, švelniai juos sulenkite.
g) Supilkite mišinį į paruoštą skardą ir kepkite 25 minutes.
h) Prieš išimdami iš formos ir pjaustydami leiskite atvėsti

40. Aviečių-šokolado batonėliai

Ingridientai:
- Žemės riešutų arba migdolų sviestas, ½ puodelio
- Linų sėmenys, ¼ puodelio
- Mėlynoji agava, 1/3 puodelio
- Šokolado baltymų milteliai, ¼ puodelio
- Avietės, ½ puodelio
- Greitai paruoštos avižos, 1 puodelis

Kryptys

a) Žemės riešutų sviestą sumaišykite su agava ir virkite ant silpnos ugnies, nuolat maišydami.
b) Kai mišinys pasidarys vientisas, supilkite jį į avižas, linų sėmenis ir baltymus. Gerai ismaisyti.
c) Suberkite avietes ir švelniai sumaišykite.
d) Tešlą perkelkite į paruoštą skardą ir valandą užšaldykite.
e) Supjaustykite į 8 batonėlius, kai bus kietas, ir mėgaukitės.

41. Žemės riešutų sviesto sausainių tešlos batonėliai

Ingridientai:

- Avižos, ¼ puodelio
- Žemės riešutų sviestas, 3 šaukštai
- Baltymų milteliai, ½ puodelio
- Druska, žiupsnelis
- Didelės Medjool datulės, 10 d
- Neapdoroti anakardžiai, 1 puodelis
- Klevų sirupas, 2 šaukštai Nesmulkintų žemės riešutų, papuošimui

Kryptys

a) Virtuviniu kombainu susmulkinkite avižas į smulkius miltus.
b) Dabar sudėkite visus ingredientus, išskyrus nesmulkintus žemės riešutus, ir sutrinkite iki vientisos masės.
c) Paragaukite ir, jei norite, pakoreguokite.
d) Perkelkite mišinį į kepimo formą ir ant viršaus užberkite nesmulkintų žemės riešutų.
e) Šaldykite 3 valandas. Kai mišinys sutvirtės, padėkite jį ant virtuvės stalo ir supjaustykite į 8 norimo ilgio juosteles.

42. Musli baltymų batonėliai

Ingridientai:

- Nesaldintas migdolų pienas, ½ puodelio
- Medus, 3 šaukštai
- Kvinoja, ¼ puodelio, virta
- Chia sėklos, 1 arbatinis šaukštelis
- Miltai, 1 valgomasis šaukštas
- Šokolado baltymų milteliai, 2 kaušeliai
- Šokolado traškučiai, ¼ puodelio
- Cinamonas, ½ arbatinio šaukštelio
- Prinokęs bananas, ½, sutrintas
- Migdolai, ¼ puodelio, supjaustyti
- Jūsų mėgstamo prekės ženklo muslis, 1 ½ puodelio

Kryptys

a) Įkaitinkite orkaitę iki 350 F.
b) Vidutiniame dubenyje sumaišykite migdolų pieną su bananų koše, chia sėklomis ir medumi ir palikite į šalį.
c) Kitame dubenyje sumaišykite likusius ingredientus ir gerai išmaišykite.
d) Dabar supilkite migdolų pieno mišinį ant sausų ingredientų ir viską gerai išmaišykite.
e) Tešlą perkelkite į skardą ir kepkite 20-25 minutes.
f) Prieš išimdami iš formos ir pjaustydami leiskite atvėsti.

43. Morkų pyrago baltyminiai batonėliai

Ingridientai:

Barams:
- Avižiniai miltai, 2 stiklinės
- Pienas be pieno, 1 valgomasis šaukštas
- Prieskonių mišinys, 1 arbatinis šaukštelis
- Vanilės baltymų milteliai, ½ puodelio
- Morkos, ½ puodelio, sutrintos
- Cinamonas, 1 valgomasis šaukštas
- Kokosų miltai, ½ puodelio, išsijoti
- Rudųjų ryžių sirupas, ½ puodelio
- Granuliuotas saldiklis, 2 šaukštai
- Migdolų sviestas, ¼ puodelio

Dėl glaisto:
- Vanilės baltymų milteliai, 1 kaušelis
- Kokosų pienas, 2-3 šaukštai
- Grietinėlės sūris, ¼ puodelio

Kryptys

a) Norėdami paruošti baltyminius batonėlius, sumaišykite miltus su prieskonių mišiniu, baltymų milteliais, cinamonu ir saldikliu.

b) Kitoje, bet sumaišykite sviestą su skystu saldikliu ir mikrobangų krosnelėje keletą sekundžių, kol ištirps.

c) Perkelkite šį mišinį į miltų dubenį ir gerai išmaišykite.

d) Dabar sudėkite morkas ir švelniai sulenkite.

e) Dabar palaipsniui įpilkite pieno, nuolat maišydami, kol pasieksite reikiamą konsistenciją.

f) Perkelkite į paruoštą keptuvę ir šaldykite 30 minučių.
g) Tuo tarpu paruoškite glaistą ir sumaišykite baltymų miltelius su kreminiu sūriu.
h) Palaipsniui supilkite pieną ir gerai išmaišykite, kad gautumėte norimą tekstūrą.
i) Kai mišinys sustings, supjaustykite norimo ilgio gabalėliais ir kiekvieną juostelę aptepkite glaistu.

44. Apelsinų ir Goji uogų batonėliai

Ingridientai:

- Vanilės išrūgų baltymų milteliai, ½ puodelio
- Apelsinų žievelė, 1 valgomasis šaukštas, tarkuota
- Malti migdolai, ¾ puodelio
- 85% juodojo šokolado, 40 g, lydytas
- Kokosų pienas, ¼ puodelio
- Kokosų miltai, ¼ puodelio
- Čili milteliai, 1 arbatinis šaukštelis
- Vanilės esencija, 1 valgomasis šaukštas
- Goji uogos, ¾ puodelio

Kryptys

a) Dubenyje sumaišykite baltymų miltelius su kokosų miltais.
b) Į miltų mišinį sudėkite likusius ingredientus.
c) Išmaišykite pieną ir gerai išmaišykite.
d) Iš tešlos suformuokite juosteles ir išdėliokite ant lakšto.
e) Ištirpinkite šokoladą ir atvėsinkite keletą minučių, tada kiekvieną plytelę pamerkite į ištirpintą šokoladą ir išdėliokite ant kepimo skardos.
f) Šaldykite, kol šokoladas visiškai sutvirtės.
g) Mėgautis.

45. Braškių prinokusių baltymų batonėlis

Ingridientai:

- Liofilizuotos braškės, 60 g
- Vanilė, ½ arbatinio šaukštelio
- Nesaldintas susmulkintas kokosas, 60 g
- Nesaldintas migdolų pienas, 60 ml
- Negardinti išrūgų baltymų milteliai, 60 g Juodasis šokoladas, 80 g

Kryptys

a) Apdorokite džiovintas braškes, kol sutrins, tada įpilkite išrūgų, vanilės ir kokoso. Dar kartą apdorokite, kol susidarys smulkiai sumaltas mišinys.
b) Į mišinį įmaišykite pieną ir plakite, kol viskas gerai susimaišys.
c) Kepimo formą išklokite vaško popieriumi ir perkelkite į ją mišinį.
d) Mentele tolygiai paskirstykite mišinį.
e) Šaldykite, kol mišinys sustings.
f) Mikrobangų krosnelėje tamsus šokoladas 30 sekundžių. Gerai išmaišykite, kol ji taps lygi ir visiškai ištirps.
g) Leiskite šokoladui šiek tiek atvėsti ir tuo tarpu supjaustykite braškių mišinį į aštuonias norimo storio plyteles.
h) Dabar kiekvieną plytelę po vieną panardinkite į šokoladą ir gerai aptepkite.
i) Išdėliokite padengtus batonėlius ant kepimo skardos. Kai visi batonėliai bus padengti, laikykite juos šaldytuve, kol šokoladas sustings ir sutvirtės.

46. Mocha baltymų batonėliai

Ingridientai:

- Migdolų miltai, 30 g
- Kokosų miltai, 30 g
- Espresso, 60 g, šviežiai užplikytas ir atvėsintas
- Nearomatintas išrūgų baltymų izoliatas, 60 g
- Kokosų cukrus, 20 g
- Nesaldintos kakavos milteliai, 14 g
- Juodasis šokoladas su 70%-85% kakavos sausųjų medžiagų, 48 g

Kryptys

a) Sumaišykite visus sausus ingredientus.
b) Išmaišykite „Expresso" ir gerai išplakite, kad susimaišytų, neliktų gabalėlių.
c) Šiuo metu mišinys pavirs lygiu kamuoliuku.
d) Padalinkite jį į šešis vienodo dydžio gabalus ir kiekvieną gabalėlį suformuokite į juostelę. Išdėliokite juosteles ant lakšto ir uždenkite plastiku. Valandai palaikyti šaldytuve.
e) Kai batonėliai sustings, mikrobangų krosnelėje įkaitinkite juodąjį šokoladą ir maišykite, kol ištirps.
f) Kiekvieną plytelę aptepkite ištirpintu šokoladu ir išdėliokite ant vašku išklotos kepimo skardos.
g) Ant viršaus sukimo būdu pabarstykite likusį šokoladą ir vėl dėkite į šaldytuvą, kol šokoladas sutvirtės.

47. Bananų šokolado baltymų batonėliai

Ingridientai:

- Liofilizuotas bananas, 40g
- Migdolų pienas, 30 ml
- Bananų skonio baltymų miltelių izoliatas, 70 g
- 100% žemės riešutų sviestas, 25 g
- Avižos be glitimo, 30 g
- 100 % šokolado, 40 g
- Saldiklis, pagal skonį

Kryptys

a) Bananai sumalti virtuvės kombainu. Dabar įpilkite baltymų miltelių ir avižų, dar kartą apdorokite, kol sutrins.
b) Sumaišykite likusius ingredientus, išskyrus šokoladą, ir vėl sutrinkite iki vientisos masės.
c) Perkelkite mišinį į išklotą kepimo formą ir uždenkite plastiku. Šaldykite iki standumo.
d) Kai strypai sustings, supjaustykite į keturias juosteles.
e) Dabar ištirpinkite šokoladą mikrobangų krosnelėje ir leiskite jam šiek tiek atvėsti, prieš panardindami į kiekvieną bananų plytelę. Gerai aptepkite batonėlius ir vėl šaldykite, kol šokoladas sutvirtės.

48. Dangiškieji neapdoroti batonėliai

Ingridientai:
- Kokosų pienas, 2 šaukštai
- Nesaldintos kakavos milteliai pagal poreikį
- Baltymų milteliai, 1 ½ kaušelio
- Linų sėmenų miltai, 1 valgomasis šaukštas

Kryptys
a) Sumaišykite visus ingredientus kartu.
b) Kepimo skardą ištepkite kepimo purkštuvu ir supilkite į ją tešlą.
c) Palikite mišinį kambario temperatūroje, kol sutvirtės.

49. Monstrų barai

Ingridientai:
- 1/2 puodelio sviesto, suminkštinto
- 1 puodelis rudojo cukraus, supakuotas
- 1 puodelis cukraus
- 1-1/2 puodelio kreminio žemės riešutų sviesto
- 3 kiaušiniai, sumušti
- 2 t. Vanilės ekstraktas
- 2 t. kepimo soda
- 4-1/2 stiklinės greitai paruošiamų avižų, nevirtų
- 1 puodelis pusiau saldaus šokolado drožlių
- 1 puodelis saldainiais padengtų šokoladinių saldainių

a) Dideliame dubenyje sumaišykite visus ingredientus nurodyta tvarka. Tešlą paskleiskite į riebalais išteptą 15 x 10 colių želė formavimo formą.
b) Kepkite 350 laipsnių temperatūroje 15 minučių arba iki šviesiai auksinės spalvos.
c) Atvėsinkite ir supjaustykite batonėliais. Padaro apie 1-1/2 tuzino.

50. Blueberry Crumble batonėliai

Ingridientai:

- 1-1/2 puodelio cukraus, padalintas
- 3 c. universalūs miltai
- 1 arbatinis šaukštelis kepimo miltelių
- 1/4 t. druskos
- 1/8 t. cinamono
- 1 puodelis sutrumpinimo
- 1 kiaušinis, sumuštas
- 1 arbatinis šaukštelis kukurūzų krakmolo
- 4 c. mėlynės

a) Sumaišykite vieną puodelį cukraus, miltus, kepimo miltelius, druską ir cinamoną.
b) Tešlos pjaustytuvu arba šakute įpjaukite gabalėlį ir kiaušinį; tešla bus trapi.
c) Pusę tešlos paskleiskite į riebalais išteptą 13 x 9 colių kepimo skardą; atidėti.
d) Atskirame dubenyje sumaišykite kukurūzų krakmolą ir likusį cukrų; švelniai suberkite uogas.
e) Mėlynių mišinį tolygiai pabarstykite ant tešlos keptuvėje.
f) Ant viršaus sutrupinkite likusią tešlą. Kepkite 375 laipsnių kampu 45 minutes arba tol, kol viršus bus švelniai auksinis. Prieš pjaustydami kvadratėliais, visiškai atvėsinkite. Padaro vieną tuziną.

51. „Gumdrop" batonėliai

Ingridientai:
- 1/2 stiklinės sviesto, lydyto
- 1/2 t. kepimo milteliai
- 1-1/2 puodelio rudojo cukraus, supakuota
- 1/2 t. druskos
- 2 kiaušiniai, sumušti
- 1/2 puodelio kapotų riešutų
- 1-1/2 puodelio universalių miltų
- 1 puodelis gumos lašų, susmulkintų
- 1 arbatinis šaukštelis vanilės ekstrakto
- Garnyras: cukraus pudra

a) Dideliame dubenyje sumaišykite visus ingredientus, išskyrus cukraus pudrą.

b) Tešlą paskleiskite į riebalais išteptą ir miltais pabarstytą 13"x9" kepimo formą. Kepkite 350 laipsnių temperatūroje nuo 25 iki 30 minučių iki auksinės spalvos.

c) Pabarstykite cukraus pudra. Saunus; supjaustyti batonėliais. Padaro 2 dešimtis.

52. Sūdyti riešutų batonėliai

Ingridientai:
- 18-1/2 uncijos pakuotės geltonojo pyrago mišinys
- 3/4 puodelio sviesto, ištirpinto ir padalinto
- 1 kiaušinis, sumuštas
- 3 c. mini zefyrai
- 10 uncijų pakuotės žemės riešutų sviesto traškučiai
- 1/2 puodelio šviesaus kukurūzų sirupo
- 1 arbatinis šaukštelis vanilės ekstrakto
- 2 c. sūdytų žemės riešutų
- 2 c. traškūs ryžių dribsniai

a) Dubenyje sumaišykite sausą pyrago mišinį, 1/4 puodelio sviesto ir kiaušinio; įspauskite tešlą į riebalais išteptą 13"x9" kepimo formą. Kepkite 350 laipsnių temperatūroje 10-12 minučių.

b) Iškepusią plutą pabarstykite zefyrais; grįžkite į orkaitę ir kepkite dar 3 minutes arba tol, kol zefyrai išsilydys. Puode ant vidutinės ugnies ištirpinkite žemės riešutų sviesto drožles, kukurūzų sirupą, likusį sviestą ir vanilę.

c) Įmaišykite riešutus ir dribsnius. Žemės riešutų sviesto mišinį užtepkite ant zefyro sluoksnio. Atvėsinkite iki standumo; supjaustyti kvadratėliais. Padaro 2-1/2 tuzinų.

53. Juodojo miško vyšnių batonėliai

Ingridientai:

- 3 21 uncijos. skardinės vyšnių pyrago įdaras, padalintas
- 18-1/2 uncijos pakuotės šokoladinio pyrago mišinys
- 1/4 puodelio aliejaus
- 3 kiaušiniai, sumušti
- 1/4 puodelio vyšnių skonio brendžio arba vyšnių sulčių
- 6 uncijų pakuotės pusiau saldūs šokolado gabaliukai
- Nebūtina: plaktas užpilas

a) Šaldykite 2 skardines pyrago įdaro, kol atvės. Elektriniu plaktuvu mažu greičiu plakite likusį pyrago įdaro skardinę, sausą pyrago mišinį, aliejų, kiaušinius ir brendį arba vyšnių sultis, kol gerai susimaišys.

b) Įmaišykite šokolado drožles.

c) Supilkite tešlą į lengvai riebalais pateptą 13 x 9 colių kepimo formą. Kepkite 350 laipsnių temperatūroje 25–30 minučių, kol dantų krapštuku patikrinsite, ar jis yra švarus; atvėsinti. Prieš patiekdami, ant viršaus tolygiai paskleiskite atšaldytą pyrago įdarą.

d) Jei norite, supjaustykite juostelėmis ir patiekite su plaktu užpilu. Tarnauja nuo 10 iki 12.

54. Spanguolių spragėsių batonėliai

Ingridientai:

- 3 uncijų pakuotės mikrobangų spragėsiai, spraginti
- 3/4 puodelio baltojo šokolado drožlių
- 3/4 puodelio saldintų džiovintų spanguolių
- 1/2 puodelio saldinto kokoso drožlių
- 1/2 puodelio smulkintų migdolų, stambiai pjaustytų
- 10 uncijų pakuotės zefyrai
- 3 T. sviesto

a) 13"x9" kepimo skardą išklokite aliuminio folija; apipurkškite nepridegančiu daržovių purškikliu ir atidėkite į šalį. Dideliame dubenyje sumaišykite kukurūzų spragėsius, šokolado drožles, spanguoles, kokosus ir migdolus; atidėti. Puode ant vidutinės ugnies maišykite zefyrus ir sviestą, kol ištirps ir taps vientisa.

b) Supilkite spragėsių mišinį ir išmeskite, kad visiškai pasidengtų; greitai perkelkite į paruoštą keptuvę.

c) Ant viršaus uždėkite vaško popieriaus lapą; tvirtai nuspauskite. Atvėsinkite 30 minučių arba kol sutvirtės. Pakelkite strypus iš keptuvės, kaip rankenas naudodami foliją; nulupkite foliją ir vaško popierių. Supjaustykite juostelėmis; atvėsinkite dar 30 minučių. Sudaro 16.

55. Sveiki Dolly Bars

Ingridientai:
- 1/2 stiklinės margarino
- 1 puodelis Graham krekerių trupinių
- 1 puodelis saldinto kokoso drožlių
- 6 uncijų pakuotės pusiau saldūs šokolado gabaliukai
- 6 uncijų pakuotės sviesto traškučiai
- 14 uncijų. galima saldinto kondensuoto pieno
- 1 puodelis kapotų pekano riešutų

a) Sumaišykite margariną ir graham krekerių trupinius; įspauskite į lengvai riebalais pateptą 9"x9" kepimo formą. Sluoksniuokite kokoso, šokolado ir sviesto drožlių drožlėmis.

b) Ant viršaus užpilkite kondensuoto pieno; pabarstykite pekano riešutais. Kepkite 350 laipsnių temperatūroje nuo 25 iki 30 minučių. Leiskite atvėsti; supjaustyti batonėliais. Sudaro nuo 12 iki 16.

56. Airijos kremo batonėliai

Ingridientai:

- 1/2 puodelio sviesto, suminkštinto
- 3/4 puodelio plius 1 valgomasis šaukštas universalių miltų, padalintas
- 1/4 stiklinės cukraus pudros
- 2 T. kepimo kakavos
- 3/4 stiklinės grietinės
- 1/2 stiklinės cukraus
- 1/3 puodelio airiško kreminio likerio
- 1 kiaušinis, sumuštas
- 1 arbatinis šaukštelis vanilės ekstrakto
- 1/2 stiklinės plaktos grietinėlės
- Nebūtina: šokoladiniai pabarstukai

a) Dubenyje sumaišykite sviestą, 3/4 puodelio miltų, cukraus pudrą ir kakavą, kol susidarys minkšta tešla.

b) Tešlą įspauskite į neteptą 8"x8" kepimo formą. Kepkite 350 laipsnių temperatūroje 10 minučių.

c) Tuo tarpu atskirame dubenyje suplakite likusius miltus, grietinę, cukrų, likerį, kiaušinį ir vanilę.

d) Gerai išmaišykite; užpilti ant iškepto sluoksnio. Grąžinkite į orkaitę ir kepkite dar 15-20 minučių, kol įdaras sustings.

e) Šiek tiek atvėsinkite; laikykite šaldytuve bent 2 valandas prieš pjaustydami batonėlius. Nedideliame dubenyje dideliu greičiu elektriniu plaktuvu plakite grietinėlę iki standžių putų.

f) Patiekite batonėlius su plaktos grietinėlės gabalėliais ir pabarstukais, jei norite.
g) Laikyti šaldytuve. Padaro 2 dešimtis.

57. Bananų sūkuriniai batonėliai

Ingridientai:
- 1/2 puodelio sviesto, suminkštinto
- 1 puodelis cukraus
- 1 kiaušinis
- 1 arbatinis šaukštelis vanilės ekstrakto
- 1-1/2 puodelio bananų, sutrintų
- 1-1/2 puodelio universalių miltų
- 1 arbatinis šaukštelis kepimo miltelių
- 1 arbatinis šaukštelis soda
- 1/2 t. druskos
- 1/4 puodelio kepimo kakavos

a) Dubenyje suplakite sviestą ir cukrų; įdėti kiaušinį ir vanilę. Gerai išmaišykite; įmaišyti bananus. Atidėti. Atskirame dubenyje sumaišykite miltus, kepimo miltelius, soda ir druską; įmaišyti į sviesto mišinį. Padalinkite tešlą per pusę; pusę įpilkite kakavos.

b) Supilkite paprastą tešlą į riebalais išteptą 13"x9" kepimo formą; ant viršaus šaukštą šokoladinės tešlos. Sukite su stalo peiliu; kepkite 350 laipsnių temperatūroje 25 minutes.

c) Saunus; supjaustyti batonėliais. Padaro nuo 2-1/2 iki 3 dešimčių.

58. Moliūgų sūrio pyragaičiai

Ingridientai:
- 16 uncijų pakuotės svarų pyrago mišinys
- 3 kiaušiniai, padalinti
- 2 T. margarino, ištirpinto ir šiek tiek atvėsinto
- 4 t. moliūgų pyrago prieskonis, padalintas
- 8 uncijų pakuotės kreminis sūris, suminkštintas
- 14 uncijų. galima saldinto kondensuoto pieno
- 15 uncijų. gali moliūgas
- 1/2 t. druskos

a) Dideliame dubenyje sumaišykite sausą pyrago mišinį, vieną kiaušinį, margariną ir 2 arbatinius šaukštelius moliūgų pyrago prieskonių; maišyti iki trupinių. Tešlą suspauskite į riebalais išteptą 15 x 10 colių želė formavimo formą. Atskirame dubenyje išplakite kreminį sūrį iki purumo.

b) Supilkite kondensuotą pieną, moliūgą, druską ir likusius kiaušinius bei prieskonius. Gerai ismaisyti; paskleisti ant plutos. Kepkite 350 laipsnių temperatūroje nuo 30 iki 40 minučių. Saunus; prieš pjaustydami į batonėlius atvėsinkite. Padaro 2 dešimtis.

59. Granola batonėliai

Ingridientai:

- Moliūgų sėklos, ½ stiklinės
- Medus, ¼ puodelio
- Kanapių sėklos, 2 šaukštai
- Kokosų miltai, ½ stiklinės
- Cinamonas, 2 arbatiniai šaukšteliai
- Artišokų milteliai, 1 valgomasis šaukštas
- Vanilės baltymų milteliai, ¼ puodelio
- Kokosų sviestas, 2 šaukštai
- Goji uogos, 1/3 puodelio
- Pistacijos, ½ puodelio, supjaustytos
- Druska, žiupsnelis
- Kokosų aliejus, 1/3 puodelio
- Kanapių pienas, 1/3 puodelio
- vanilės pupelės, 1
- Chia sėklos, 2 šaukštai kokoso drožlių, 1/3 puodelio

Kryptys

a) Sumaišykite visus ingredientus ir tolygiai paskirstykite į terrine keptuvę.
b) Valandai palaikyti šaldytuve.
c) Kai kietas ir sustings, supjaustykite norimo ilgio batonėliais ir mėgaukitės.

60. Moliūgų avižinių dribsnių kvadratėliai

Ingridientai:

- Linų kiaušinis, 1 (1 valgomasis šaukštas maltų linų, sumaišytų su 3 šaukštais vandens)
- Avižos be glitimo, ¾ puodelio
- Cinamonas, 1 ½ arbatinio šaukštelio
- Pekano, ½ puodelio, per pusę
- Malto imbiero, ½ arbatinio šaukštelio
- Kokosų cukrus, ¾ puodelio
- Arrowroot milteliai, 1 valgomasis šaukštas
- Malto muskato riešuto, 1/8 arbatinio šaukštelio
- Grynas vanilės ekstraktas, 1 arbatinis šaukštelis
- Rožinė Himalajų jūros druska, ½ arbatinio šaukštelio
- Nesaldinta konservuotų moliūgų tyrė, ½ stiklinės
- Migdolų miltai, ¾ puodelio
- Valcuotų avižų miltai, ¾ stiklinės
- Mini ne dienoraščio šokolado traškučiai, 2 šaukštai
- Kepimo soda, ½ arbatinio šaukštelio

Kryptys

a) Įkaitinkite orkaitę iki 350 F.
b) Kvadratinę skardą išklokite vaško popieriumi ir palikite nuošalyje.
c) Puodelyje supilkite linų kiaušinį ir palikite 5 minutes.
d) Ištrinkite tyrę su cukrumi ir supilkite linų kiaušinį bei vanilę. Dar kartą plakite, kad sujungtumėte.
e) Dabar įpilkite kepimo sodos, po to cinamono, muskato riešuto, imbiero ir druskos. Gerai sumuškite.

f) Galiausiai suberkite miltus, avižas, šaknį, pekano riešutus ir migdolų miltus ir plakite, kol gerai susimaišys.
g) Tešlą perkelkite į paruoštą skardą ir apibarstykite šokolado drožlėmis.
h) Kepkite 15-19 minučių.
i) Prieš išimdami iš keptuvės ir pjaustydami leiskite visiškai atvėsti.

61. Raudonojo aksomo moliūgų batonėliai

Ingridientai:
- Maži virti burokėliai, 2
- Kokosų miltai, ¼ puodelio
- Ekologiškas moliūgų sėklų sviestas, 1 valgomasis šaukštas
- Kokosų pienas, ¼ puodelio
- Vanilės išrūgos, ½ puodelio
- 85% tamsus šokoladas, lydytas

Kryptys

a) Sumaišykite visus sausus ingredientus, išskyrus šokoladą.
b) Supilkite pieną ant sausų ingredientų ir gerai sumaišykite.
c) Suformuokite vidutinio dydžio juosteles.
d) Ištirpinkite šokoladą mikrobangų krosnelėje ir palikite keletą sekundžių atvėsti. Dabar kiekvieną plytelę pamerkite į ištirpintą šokoladą ir gerai aptepkite.
e) Šaldykite, kol šokoladas sustings ir sutvirtės.
f) Mėgautis.

62. Sniego citrinų batonėliai

Ingridientai:

- 3 kiaušiniai, padalinti
- 1/3 puodelio sviesto, ištirpinto ir šiek tiek atvėsinto
- 1 arbatinis šaukštelis citrinos žievelės
- 3 T. citrinos sulčių
- 18-1/2 uncijos pakuotės balto pyrago mišinys
- 1 puodelis kapotų migdolų
- 8 uncijų pakuotės kreminis sūris, suminkštintas
- 3 c. cukraus pudra
- Garnyras: papildomai cukraus pudros

a) Dideliame dubenyje sumaišykite vieną kiaušinį, sviestą, citrinos žievelę ir citrinos sultis. Įmaišykite sausą pyrago mišinį ir migdolus, gerai išmaišykite. Tešlą supilkite į riebalais išteptą 13 x 9 colių kepimo formą. Kepkite 350 laipsnių temperatūroje 15 minučių arba iki auksinės spalvos. Tuo tarpu atskirame dubenyje išplakti kreminį sūrį iki šviesaus ir purumo; palaipsniui įmaišyti cukraus pudrą. Po vieną įmuškite likusius kiaušinius, po kiekvieno gerai išmaišykite.

b) Išimkite keptuvę iš orkaitės; tepti grietinėlės sūrio mišinį ant karštos plutos. Kepkite 15–20 minučių ilgiau, kol centras sustings; Šaunus. Prieš pjaustydami batonėlius, pabarstykite cukraus pudra. Padaro 2 dešimtis.

63. Lengvi "Butterscotch" batonėliai

Ingridientai:
- 12 uncijų pakuotės sviesto traškučiai, ištirpinti
- 1 puodelis sviesto, suminkštintas
- 1/2 puodelio rudojo cukraus, supakuota
- 1/2 stiklinės cukraus
- 3 kiaušiniai, sumušti
- 1-1/2 t. Vanilės ekstraktas
- 2 c. universalūs miltai

a) Dubenyje sumaišykite sviesto traškučius ir sviestą; gerai ismaisyti. Įpilkite cukraus, kiaušinių ir vanilės; gerai ismaisyti.
b) Palaipsniui įmaišykite miltus. Supilkite tešlą į lengvai riebalais pateptą 13 x 9 colių kepimo formą. Kepkite 350 laipsnių temperatūroje 40 minučių.
c) Atvėsinkite ir supjaustykite kvadratėliais. Padaro 2 dešimtis.

64. Vyšnių migdolų baras

Ingridientai:
- Vanilės baltymų milteliai, 5 kaušeliai
- Medus, 1 valgomasis šaukštas
- Kiaušinių plaktuvas, ½ puodelio
- Vanduo, ¼ puodelio
- Migdolai, ¼ puodelio, supjaustyti
- Vanilės ekstraktas, 1 arbatinis šaukštelis
- Migdolų miltai, ½ puodelio
- Migdolų sviestas, 2 šaukštai
- Šaldytos tamsios saldžiosios vyšnios, 1 ½ stiklinės

Kryptys
a) Įkaitinkite orkaitę iki 350 F.
b) Vyšnias supjaustykite kubeliais ir atšildykite.
c) Sumaišykite visus ingredientus, įskaitant atšildytas vyšnias, ir gerai išmaišykite.
d) Supilkite mišinį į riebalais išteptą kepimo skardą ir kepkite 12 minučių.
e) Leiskite visiškai atvėsti, prieš išimdami iš formos ir supjaustydami juosteles.

65. Caramel Crunch batonėliai

Ingridientai:
- 1½ stiklinės valcuotų avižų
- 1½ stiklinės miltų
- ¾ puodelio rudojo cukraus
- ½ arbatinio šaukštelio kepimo sodos
- ¼ arbatinio šaukštelio druskos
- ¼ puodelio lydyto sviesto
- ¼ puodelio lydyto sviesto

Priedai
- ½ stiklinės rudojo cukraus
- ½ puodelio granuliuoto cukraus
- ½ puodelio sviesto
- ¼ puodelio miltų
- 1 puodelis kapotų riešutų
- 1 puodelis susmulkinto šokolado

Kryptys:
a) Įkaitinkite orkaitę iki 350 F. Į dubenį suberkite avižas, miltus, druską, cukrų ir soda, tada gerai išmaišykite. Įdėkite sviestą ir įprastą sviestą ir maišykite, kol susidarys trupiniai.
b) Atidėkite bent puodelį šių trupinių vėliau papuošti.
c) Dabar paruoškite keptuvę, sutepdami ją purškikliu, tada uždėkite avižų mišinį ant apatinės keptuvės dalies.
d) Įdėkite į orkaitę ir šiek tiek pakepkite, tada išimkite, kai jis bus gana rudas, tada leiskite atvėsti. Tada reikia gaminti karamelę.
e) Padarykite tai maišydami sviestą ir cukrų puode su storu dugnu, kad jis greitai nepridegtų. Įdėję miltų leiskite jam burbuliuoti. Grįžkite prie avižinių dribsnių pagrindo, suberkite sumaišytus riešutus ir šokoladą, po to ką tik

pagamintą karamelę, o galiausiai užpilkite papildomais trupiniais, kuriuos atidėjote.
f) Įdėkite jį atgal į orkaitę ir kepkite, kol batonėliai taps auksinės spalvos, o tai užtruks apie 20 minučių.
g) Iškepus atvėsinkite, prieš pjaustydami kokio norite dydžio gabalėliais.

66. Avižiniai batonėliai

Porcijos: 14-16

Ingridientai:
- 1¼ puodelio senamadiškų valcuotų avižų
- 1¼ puodelio universalių miltų
- ½ puodelio smulkiai pjaustytų skrudintų graikinių riešutų (žr. pastabą)
- ½ puodelio cukraus
- ½ arbatinio šaukštelio kepimo sodos
- ¼ arbatinio šaukštelio druskos
- 1 puodelis sviesto, lydytas
- 2 arbatiniai šaukšteliai vanilės
- 1 puodelis geros kokybės uogienės
- 4 sveiki graham krekeriai (8 kvadratai), susmulkinti
- Plakta grietinėlė, patiekimui (nebūtina)

Kryptys:
a) Įkaitinkite orkaitę iki 350°F. 9 colių kvadratinę kepimo formą ištepkite riebalais. Į dubenį suberkite ir sumaišykite avižinius dribsnius, miltus, graikinius riešutus, cukrų, soda ir druską. Mažame dubenyje sumaišykite sviestą ir vanilę. Sviesto mišinį supilkite į avižų mišinį ir išmaišykite iki trupinių.
b) Pasilikite 1 puodelį užpilui, o likusį avižų mišinį įspauskite į kepimo formos dugną. Viršuje tolygiai paskleiskite uogienę. Susmulkintus krekerius sudėkite į rezervuotą avižų mišinį ir pabarstykite uogiene. Kepkite maždaug 25–30 minučių arba tol, kol kraštai paruduos. Visiškai atvėsinkite keptuvėje ant grotelių.
c) Supjaustykite į 16 kvadratų. Patiekite, jei norite, įpilkite šlakelį plaktos grietinėlės.
d) Laikydami jį stikliniame inde šaldytuve padėsite išsaugoti.

67. Kramtomi pekano batonėliai

Ingridientai:
- Nelipnus kepimo purškalas
- 2 puodeliai plius
- 2 šaukštai universalių miltų, padalinti
- ½ puodelio granuliuoto cukraus
- 2 šaukštai plius
- 2 arbatinius šaukštelius sviesto
- 3½ arbatinio šaukštelio nesūdyto sviesto, supjaustyto gabalėliais
- ¾ arbatinio šaukštelio plius žiupsnelis košerinės druskos, padalintas
- ¾ puodelio supakuoto tamsiai rudojo cukraus
- 4 dideli kiaušiniai
- 2 arbatiniai šaukšteliai vanilės ekstrakto
- 1 puodelis šviesaus kukurūzų sirupo
- 2 puodeliai kapotų pekano riešutų
- Pekano riešutai supjaustyti per pusę

Kryptys:

a) Įkaitinkite orkaitę iki 340 ° F. Keptuvę ištepkite riebalais nelipniu purškikliu ir iš abiejų pusių išklokite pergamentiniu popieriumi, kad galėtumėte lengvai pakelti strypus iš keptuvės.

b) Maišytuvu arba virtuviniu kombainu sumaišykite miltus, cukrų, sviesto rūšis ir ¾ arbatinį šaukštelį druskos, kol sumaišysite. Iš mišinio susidarys gumuliukai.

c) Tešlą perkelkite į paruoštą skardą. Tvirtai ir tolygiai paspauskite jį keptuvės apačioje. Visą plutą pradurkite šakute ir kepkite iki šviesiai arba vidutiniškai auksinės rudos spalvos 30–35 minutes.

d) Naudodami tą pati virtuvinio kombaino dubenį, sumaišykite rudąjį cukrų, likusius 2 šaukštus miltų, žiupsnelį druskos, kiaušinius, vanilę ir kukurūzų sirupą.
e) Pulsuokite, kol visiškai susijungs. Supilkite mišinį į didelį dubenį ir suberkite pekano riešutus.
f) Pekano mišinį tolygiai paskirstykite ant iškeptos plutos. Ant įdaro viršaus kaip papuošimą uždėkite kelias papildomas pekano riešutų puseles.
g) Įdėkite keptuvę atgal į orkaitę ir leiskite kepti, kol vidurys sustings 35–40 minučių. Atsiradus tikimybei, kad vidus vis dar juda, pasiruoškite dar porai minučių; jei pastebėsite, kad juostelės pradeda pūsti centre, nedelsdami jas pašalinkite. Įdėkite juos į lentyną ir palikite atvėsti, prieš supjaustydami į 16 (2 colių) kvadratų ir iškeldami juosteles.
h) Laikymas: batonėlius laikykite sandariame inde kambario temperatūroje 3–5 dienas arba užšaldykite iki 6 mėnesių. Jie gali būti labai lipnūs, todėl apvyniokite juos pergamentu arba vaškiniu popieriumi.

68. Šokoladiniai sausainių tešlos baltyminiai batonėliai

Ingridientai:

- 128 g (½ puodelio) skrudintų migdolų sviesto
- 270 g (1 puodelis + 2 šaukštai) nesaldinto vanilinio migdolų pieno
- 1 arbatinis šaukštelis vanilinio kremo skonio skysto stevijos ekstrakto
- 1 arbatinis šaukštelis natūralaus sviesto skonio
- 168 g (1¼ puodelio, lengvai supakuoti) vanilinių rudųjų ryžių baltymų milteliai
- 80 g (⅔ puodelio) avižinių miltų
- ⅛ arbatinio šaukštelio druskos
- ¼ puodelio Mini pusiau saldžiųjų šokolado traškučių

8x8 colių kepimo skardą išklokite pergamentiniu popieriumi. Atidėti.

Į elektrinį stovo maišytuvo dubenį su plakikliu įpilkite migdolų sviesto, migdolų pieno, stevijos ekstrakto ir sviesto skonio. Maišykite mažu greičiu, kol ruošiate sausus ingredientus.

Vidutinio dydžio maišymo dubenyje sumaišykite baltymų miltelius, avižų miltus ir druską. Išjunkite maišytuvą ir supilkite sausus ingredientus. Įjunkite maišytuvą į mažą greitį ir maišykite, kol visiškai susimaišys sausi ingredientai. Nubraukite dubenėlio šonus, suberkite mažus šokolado drožles, tada

grįžkite į mažą greitį, kad išmaišytumėte paskutinį kartą.
Mišinys turi būti tirštas ir purus, kaip sausainių tešla.

Supilkite mišinį į pyrago formą ir išlyginkite. Tvirtai uždenkite keptuvę plastikine plėvele ir šaldykite per naktį.

Išimkite mišinį iš keptuvės. Supjaustykite į 10 batonėlių. Atskirai suvyniokite baltymų batonėlius į plastikinius sumuštinių maišelius ir laikykite šaldytuve.

Išeiga: 10 baltymų batonėlių

69. Avižinių dribsnių razinų sausainių baltymų batonėliai

Ingridientai:

- 128 g (½ puodelio) skrudinto graikinių riešutų sviesto
- 270 g (1 puodelis + 2 šaukštai) nesaldinto vanilinio migdolų pieno
- 1 arbatinis šaukštelis vanilinio kremo skonio skysto stevijos ekstrakto
- ½ arbatinio šaukštelio natūralaus sviesto skonio
- 168 g (1¼ puodelio, lengvai supakuoti) vanilinių rudųjų ryžių baltymų milteliai
- 80 g (⅔ puodelio) avižinių miltų
- 1½ arbatinio šaukštelio malto cinamono
- ⅛ arbatinio šaukštelio druskos
- ⅓ puodelio razinų, perpjautų per pusę

8x8 colių pyrago formą (arba 9x9 colių plonesniems sausainiams) išklokite pergamentiniu popieriumi. Atidėti.

Į elektrinio stovo maišytuvo dubenį su plakikliu įpilkite graikinių riešutų sviesto, migdolų pieno, stevijos ekstrakto ir sviesto skonio. Maišykite mažu greičiu, kol ruošiate sausus ingredientus.

Vidutinio dydžio dubenyje sumaišykite baltymų miltelius, avižų miltus, cinamoną ir druską. Išjunkite maišytuvą ir supilkite sausus ingredientus. Įjunkite maišytuvą į mažą greitį ir maišykite, kol visiškai susimaišys sausi ingredientai. Nubraukite dubenėlio šonus, suberkite susmulkintas razinas, tada grįžkite į mažą greitį, kad išmaišytumėte paskutinį kartą. Mišinys turi būti tirštas ir purus, kaip sausainių tešla.

Supilkite mišinį į pyrago formą ir išlyginkite. Tvirtai uždenkite keptuvę plastikine plėvele ir šaldykite per naktį.

Išimkite mišinį iš keptuvės. Naudokite apskritą sausainių formelę, kad išmuštumėte 9 sausainius (naudokite $2\frac{1}{2}$ colių pjaustytuvą su 8 colių keptuvėje ir $2\frac{3}{4}$ colių pjaustyklę su 9 colių keptuvėje). Baltyminius sausainius suvyniokite į plastikinius sumuštinių maišelius ir laikykite šaldytuve.

Išeiga: 9 baltyminiai sausainiai (bei truputis virėjo!)

70. Baltojo šokolado makadamijos baltymų batonėlis

Ingridientai:

- 128 g (½ puodelio) skrudinto makadamijos sviesto
- 270 g (1 puodelis + 2 šaukštai) nesaldinto vanilinio migdolų pieno
- 1 arbatinis šaukštelis vanilinio kremo skonio skysto stevijos ekstrakto
- ½ arbatinio šaukštelio natūralaus sviesto skonio
- 168 g (1¼ puodelio, lengvai supakuoti) vanilinių rudųjų ryžių baltymų milteliai
- 80 g (⅔ puodelio) avižinių miltų
- ⅛ arbatinio šaukštelio druskos

Baltojo šokolado danga:

- 6 uncijos organinio baltojo šokolado, lydytas

8x8 colių pyrago formą (arba 9x9 colių plonesniems sausainiams) išklokite pergamentiniu popieriumi. Atidėti.

Į elektrinio stovo maišytuvo dubenį su plakikliu įpilkite makadamijos sviesto, migdolų pieno, stevijos ekstrakto ir sviesto skonio. Maišykite mažu greičiu, kol ruošiate sausus ingredientus.

Vidutinio dydžio maišymo dubenyje sumaišykite baltymų miltelius, avižų miltus ir druską. Išjunkite maišytuvą ir supilkite sausus ingredientus. Įjunkite maišytuvą į mažą greitį ir maišykite, kol visiškai susimaišys sausi ingredientai. Jei reikia, nubraukite dubenėlio šonus. Mišinys turi būti tirštas ir purus, kaip sausainių tešla.

Supilkite mišinį į paruoštą pyrago formą ir išlyginkite. Tvirtai uždenkite keptuvę plastikine plėvele ir šaldykite per naktį.

Išimkite mišinį iš keptuvės. Naudokite apskritą sausainių formelę, kad išmuštumėte 9 sausainius (naudokite 2½ colių pjaustytuvą su 8 colių keptuvėje arba 2¾ colių pjaustyklę su 9 colių keptuvėje).

Ant želė suvyniotos formos uždėkite silikoninį kepimo kilimėlį ir ant viršaus išklokite baltyminius sausainius.

Baltojo šokolado dangai:

Ant didelės šakutės šakelių uždėkite baltyminį sausainį ir įmerkite į ištirpintą baltąjį šokoladą. Dideliu šaukštu ant sausainio užpilkite šokolado. Švelniai uždėkite sausainį ant silikoninio kepimo kilimėlio. Pakartokite šį procesą su likusiais baltyminiais sausainiais.

Šaldykite iki standumo.

71. „Red Velvet Cake Fudge" baltymų batonėliai

Baltymų batonėliai:

- 165 g (⅔ puodelio) skrudintų burokėlių tyrės
- 128 g (½ puodelio) žalio migdolų sviesto
- 135 g (½ puodelio + 1 valgomasis šaukštas) nesaldinto vanilinio migdolų pieno
- 1 valgomasis šaukštas natūralaus sviesto skonio
- 1½ arbatinio šaukštelio vanilinio kremo skonio skysto stevijos ekstrakto
- 210 g (1⅔ puodeliai, lengvai supakuoti) šokoladinių rudųjų ryžių baltymų milteliai
- 80 g (⅔ puodelio) avižinių miltų
- ¼ arbatinio šaukštelio druskos

Šokolado danga:

- 6 uncijos Bittersweet šokolado (70% kakavos), lydytas

Skrudintų burokėlių tyrei:

Įkaitinkite orkaitę iki 350 laipsnių pagal Farenheitą. Nuplaukite ir švelniai nušveiskite du kumščio dydžio burokėlius, tada visiškai suvyniokite juos į foliją. Burokėlius sudėkite į 9x9 colių kepimo skardą ir kepkite ~1½ valandos arba tol, kol šakutė lengvai perskros burokėlius.

Išimkite burokėlius iš orkaitės, atsargiai išvyniokite foliją ir leiskite pastovėti, kol atvės. Peiliu nugramdykite burokėlių odeles (jos lengvai nukris).

Burokėlius supjaustykite gabalėliais ir sudėkite į virtuvinį kombainą. Sutrinkite iki visiškai vientisos masės.

Baltymų batonėliams:

8x8 colių kepimo skardą išklokite pergamentiniu popieriumi. Atidėti.

Į elektrinio stovo maišytuvo dubenį su plakikliu supilkite burokėlių tyrę, migdolų sviestą, migdolų pieną, sviesto skonį ir stevijos ekstraktą. Maišykite mažu greičiu, kol ruošiate sausus ingredientus.

Vidutinio dydžio maišymo dubenyje sumaišykite baltymų miltelius, avižų miltus ir druską. Išjunkite maišytuvą ir supilkite sausus ingredientus. Įjunkite maišytuvą į mažą greitį ir maišykite, kol visiškai susimaišys sausi ingredientai. Jei reikia, nubraukite dubenėlio šonus. Mišinys turi būti tirštas ir purus, kaip sausainių tešla.

Supilkite mišinį į paruoštą pyrago formą ir išlyginkite. Tvirtai uždenkite keptuvę plastikine plėvele ir šaldykite per naktį.

Išimkite mišinį iš keptuvės. Supjaustykite į 10 batonėlių.

Ant želė suvyniotos formos uždėkite silikoninį kepimo kilimėlį ir ant viršaus išklokite baltyminius batonėlius.

Šokolado dangai:

Dideliu šaukštu ištirpintą šokoladą užpilkite ant baltymų batonėlių. Pabandykite aptraukti visą baltymų batonėlį šokoladu, bet jis nebūtinai turi būti tobulas.

Šaldykite iki standumo (~1 val.). Atskirai suvyniokite baltymų batonėlius į plastikinius sumuštinių maišelius ir laikykite šaldytuve.

Išeiga: 10 baltymų batonėlių

72. Cinamono ritinėlio baltymų kvadratėliai

Baltymų batonėliai:

- 128 g (½ puodelio) žalio migdolų sviesto
- 240 g (1 puodelis) nesaldinto vanilinio migdolų pieno
- 63 g (3 šaukštai) gryno klevų sirupo
- ¾ arbatinio šaukštelio vanilinio kremo skonio skysto stevijos ekstrakto
- ½ arbatinio šaukštelio natūralaus sviesto skonio
- 168 g (1¼ puodelio, lengvai supakuoti) vanilinių rudųjų ryžių baltymų milteliai
- 80 g (⅔ puodelio) avižinių miltų
- 2 arbatiniai šaukšteliai malto cinamono
- ¼ arbatinio šaukštelio druskos
- Kreminio sūrio glaistymas:
- 4oz Organinis Neufchâtel kreminis sūris, kambario temperatūros
- 30 g (2 šaukštai) nesaldinto vanilinio migdolų pieno
- ¼ arbatinio šaukštelio vanilinio kremo skonio skysto stevijos ekstrakto
- ¼ arbatinio šaukštelio natūralaus sviesto skonio

- $\frac{1}{8}$ arbatinio šaukštelio vanilės pupelių pastos (galite pasigaminti ir namuose!)

Baltymų batonėliams:

8x8 colių kepimo skardą išklokite pergamentiniu popieriumi. Atidėti.

Į elektrinio stovo maišytuvo dubenį su plakimo priedu įpilkite migdolų sviesto, migdolų pieno, gryno klevų sirupo, stevijos ekstrakto ir sviesto skonio. Maišykite mažu greičiu, kol ruošiate sausus ingredientus.

Vidutinio dydžio dubenyje sumaišykite baltymų miltelius, avižų miltus, cinamoną ir druską. Išjunkite maišytuvą ir supilkite sausus ingredientus. Įjunkite maišytuvą į mažą greitį ir maišykite, kol visiškai susimaišys sausi ingredientai. Jei reikia, nubraukite dubenėlio šonus. Mišinys turi būti tirštas ir purus, kaip sausainių tešla.

Supilkite mišinį į paruoštą pyrago formą ir išlyginkite. Tvirtai uždenkite keptuvę plastikine plėvele ir šaldykite per naktį.

Išimkite mišinį iš keptuvės. Supjaustykite į 9 kvadratus.

Kreminio sūrio glaistui:

Vidutinio dydžio dubenyje suplakite kreminį sūrį, migdolų pieną, stevijos ekstraktą, sviesto skonį ir vanilės pastą.

Supilkite mišinį į maišelį su apvaliu antgaliu (#804). Išilgai baltymų kvadratėlių kraštų supilkite glazūrą, tada užpildykite centrą. Jei neturite maišelio, tiesiog šaukšto galiuku paskleiskite glazūrą ant strypų.

Norėdami laikyti, tiesiog uždėkite pergamentinio popieriaus lapą ant torto pagrindo, ant viršaus išdėliokite baltymų batonėlius ir uždenkite torto kupolu.

73. Vokiško šokoladinio pyrago baltyminiai batonėliai

Baltymų batonėliai:

- 128 g (½ puodelio) skrudinto pekano sviesto
- 270 g (1 puodelis + 2 šaukštai) nesaldinto vanilinio migdolų pieno
- 1 arbatinis šaukštelis vanilinio kremo skonio skysto stevijos ekstrakto
- 168 g (1¼ puodelio, lengvai supakuoti) šokoladinių rudųjų ryžių baltymų milteliai
- 80 g (⅔ puodelio) avižinių miltų
- ⅛ arbatinio šaukštelio tirpios kavos granulių
- ⅛ arbatinio šaukštelio druskos

Šokolado danga:

- 2 uncijos Bittersweet šokolado (70% kakavos), ištirpinto
- 2 šaukštai sumažinto riebumo nesaldinto kokoso riešuto
- 2 šaukštai skrudintų pekano riešutų, susmulkintų

Baltymų batonėliams:

- 8x8 colių kepimo skardą išklokite pergamentiniu popieriumi. Atidėti.

Į elektrinį stovo maišytuvo dubenį su plakikliu supilkite pekano sviestą, migdolų pieną ir stevijos ekstraktą. Maišykite mažu greičiu, kol ruošiate sausus ingredientus.

Vidutinio dydžio maišymo dubenyje sumaišykite baltymų miltelius, avižų miltus, tirpios kavos granules ir druską. Išjunkite maišytuvą ir supilkite sausus ingredientus. Įjunkite maišytuvą į mažą greitį ir maišykite, kol visiškai susimaišys sausi ingredientai. Jei reikia, nubraukite dubenėlio šonus. Mišinys turi būti tirštas ir purus, kaip sausainių tešla.

Supilkite mišinį į paruoštą pyrago formą ir išlyginkite. Tvirtai uždenkite keptuvę plastikine plėvele ir šaldykite per naktį.

Išimkite mišinį iš keptuvės. Supjaustykite į 10 batonėlių.

Ant želė suvyniotos formos uždėkite silikoninį kepimo kilimėlį ir ant viršaus išklokite baltyminius batonėlius.

Šokolado dangai:

Baltymų batonėlius aptepkite ištirpintu šokoladu, apibarstykite kokoso drožlėmis ir ant viršaus užspauskite smulkintus pekano riešutus.

Šaldykite iki standumo (~1 val.). Atskirai suvyniokite baltymų batonėlius į plastikinius sumuštinių maišelius ir laikykite šaldytuve.

Išeiga: 10 baltymų batonėlių

74. Gimtadienio torto baltyminiai batonėliai

Baltymų batonėliai:

- 128 g (½ puodelio) žalio migdolų sviesto
- 270 g (1 puodelis + 2 šaukštai) nesaldinto vanilinio migdolų pieno
- 1 arbatinis šaukštelis vanilinio kremo skonio skysto stevijos ekstrakto
- 1 arbatinis šaukštelis natūralaus sviesto skonio
- ⅛ arbatinio šaukštelio migdolų ekstrakto
- 168 g (1¼ puodelio, lengvai supakuoti) vanilinių rudųjų ryžių baltymų milteliai
- 80 g (⅔ puodelio) avižinių miltų
- ⅛ arbatinio šaukštelio druskos

Kreminio sūrio glaistymas:

- 4oz Organinis Neufchâtel kreminis sūris, kambario temperatūros
- 30 g (2 šaukštai) nesaldinto vanilinio migdolų pieno
- ¼ arbatinio šaukštelio vanilinio kremo skonio skysto stevijos ekstrakto
- ¼ puodelio natūralių vaivorykštinių pabarstukų

Baltymų batonėliams:

8x8 colių kepimo skardą išklokite pergamentiniu popieriumi. Atidėti.

Į elektrinio stovo maišytuvo dubenį su plakikliu įpilkite migdolų sviesto, migdolų pieno, stevijos ekstrakto, sviesto skonio ir migdolų ekstrakto. Maišykite mažu greičiu.

Vidutinio dydžio maišymo dubenyje sumaišykite baltymų miltelius, avižų miltus ir druską. Išjunkite maišytuvą ir supilkite sausus ingredientus. Įjunkite maišytuvą į mažą greitį ir maišykite, kol visiškai susimaišys sausi ingredientai. Jei reikia, nubraukite dubenėlio šonus. Mišinys turi būti tirštas ir purus, kaip sausainių tešla.

Supilkite mišinį į paruoštą pyrago formą ir išlyginkite. Tvirtai uždenkite keptuvę plastikine plėvele ir šaldykite per naktį.

Išimkite mišinį iš keptuvės. Supjaustykite į 10 batonėlių.

Kreminio sūrio glaistui:

Vidutinio dydžio maišymo dubenyje suplakite kreminį sūrį, migdolų pieną ir stevijos ekstraktą.

Šaukštu uždėkite glajų ant baltyminių batonėlių ir ant viršaus pabarstykite pabarstukus (tik pabarstukus dėkite, jei tą dieną ketinate patiekti/valgyti baltyminius batonėlius – po dienos ar dviejų pabarstukai nublanksta). Norėdami laikyti, tiesiog uždėkite pergamentinio popieriaus lapą ant torto pagrindo, ant viršaus išdėliokite baltymų batonėlius ir uždenkite torto kupolu.

75. Morkų pyrago baltyminiai batonėliai

Ingridientai:

- 128 g (½ puodelio) skrudinto graikinių riešutų sviesto
- 270 g (1 puodelis + 2 šaukštai) nesaldinto vanilinio migdolų pieno
- ¾ arbatinio šaukštelio vanilinio kremo skonio skysto stevijos ekstrakto
- 168 g (1¼ puodelio, lengvai supakuoti) vanilinių rudųjų ryžių baltymų milteliai
- 90 g (¾ puodelio) avižinių miltų
- 1¾ arbatinio šaukštelio malto cinamono
- ¼ arbatinio šaukštelio malto muskato riešuto
- ¼ arbatinio šaukštelio druskos
- 1-1½ stiklinės tarkuotų morkų
- ¼-½ puodelio sumažinto riebumo nesaldintas susmulkintas kokosas
- ¼ puodelio razinų, supjaustytų per pusę

8x8 colių kepimo skardą išklokite pergamentiniu popieriumi. Atidėti.

Į elektrinio stovo maišytuvo dubenį su plakikliu supilkite graikinių riešutų sviestą, migdolų pieną ir stevijos ekstraktą. Maišykite mažu greičiu, kol ruošiate sausus ingredientus.

Vidutinio dydžio maišymo dubenyje sumaišykite baltymų miltelius, avižų miltus, cinamoną, muskato riešutą ir druską. Išjunkite maišytuvą ir supilkite sausus ingredientus. Įjunkite maišytuvą į mažą greitį ir maišykite, kol ingredientai visiškai susimaišys. Nubraukite dubenėlio šonus, suberkite tarkuotas morkas, susmulkintą kokosą ir kapotas razinas, tada grįžkite į mažą greitį, kad išmaišytumėte paskutinį kartą. Mišinys turi būti tirštas ir purus, kaip sausainių tešla.

Supilkite mišinį į pyrago formą ir išlyginkite. Tvirtai uždenkite keptuvę plastikine plėvele ir šaldykite per naktį.

Išimkite mišinį iš keptuvės. Supjaustykite į 10 batonėlių. Atskirai suvyniokite baltymų batonėlius į plastikinius sumuštinių maišelius ir laikykite šaldytuve.

Išeiga: 10 baltymų batonėlių

76. Septynių sluoksnių baltymų batonėliai

Ingridientai:

- 128 g (½ puodelio) skrudinto pekano sviesto
- 270 g (1 puodelis + 2 šaukštai) nesaldinto vanilinio migdolų pieno
- 1 arbatinis šaukštelis natūralaus butterscotch skonio
- ½ arbatinio šaukštelio angliško iriso skonio skysto stevijos ekstrakto
- 168 g (1¼ puodelio, lengvai supakuoti) vanilinių rudųjų ryžių baltymų milteliai
- 80 g (⅔ puodelio) avižinių miltų
- ⅛ arbatinio šaukštelio druskos
- ½ puodelio Grahamo krekerių, supjaustytų gabalėliais
- ½ puodelio sumažinto riebumo nesaldinto kokoso riešuto
- ½ puodelio Mini pusiau saldžiųjų šokolado traškučių

8x8 colių kepimo skardą išklokite pergamentiniu popieriumi. Atidėti.

Į elektrinio stovo maišytuvo dubenį su plaktuvu įpilkite pekano sviesto, migdolų pieno, sviesto skonio ir stevijos ekstrakto. Maišykite mažu greičiu, kol ruošiate sausus ingredientus.

Vidutinio dydžio maišymo dubenyje sumaišykite baltymų miltelius, avižų miltus ir druską. Išjunkite maišytuvą ir supilkite sausus ingredientus. Įjunkite maišytuvą į mažą greitį ir maišykite, kol visiškai susimaišys sausi ingredientai. Nubraukite dubenėlio šonus, suberkite Graham krekerių gabalėlius, kokoso drožles ir mažus šokolado drožles, tada grįžkite į mažą greitį, kad išmaišytumėte paskutinį kartą. Mišinys turi būti tirštas ir purus, kaip sausainių tešla.

Supilkite mišinį į pyrago formą ir išlyginkite. Uždenkite keptuvę plastikine plėvele ir šaldykite per naktį.

Išimkite mišinį iš keptuvės. Supjaustykite į 12 batonėlių. Atskirai suvyniokite baltymų batonėlius į plastikinius sumuštinių maišelius ir laikykite šaldytuve.

Išeiga: 12 baltymų batonėlių

77. Moliūgų pyrago baltymų batonėlio kąsnelis

Ingridientai:

- 128 g (½ puodelio) skrudinto pekano sviesto
- 575 g (2⅓ puodeliai) 100% gryna moliūgų tyrė, konservuota
- ¾ arbatinio šaukštelio angliško iriso skonio skysto stevijos ekstrakto
- 168 g (1¼ puodelio, lengvai supakuoti) vanilinių rudųjų ryžių baltymų milteliai
- 2 puodeliai Graham Cracker trupinių
- 30 g (¼ puodelio) avižinių miltų
- 1 valgomasis šaukštas malto cinamono (arba 2 arbatiniai šaukšteliai malto cinamono + 1 arbatinis šaukštelis moliūgų pyrago prieskonių)
- ⅛ arbatinio šaukštelio druskos

8x8 colių kepimo skardą išklokite pergamentiniu popieriumi. Atidėti.

Į elektrinį stovo maišytuvo dubenį su plakikliu supilkite pekano sviestą, moliūgų tyrę ir stevijos ekstraktą. Maišykite mažu greičiu, kol ruošiate sausus ingredientus.

Vidutinio dydžio maišymo dubenyje sumaišykite baltymų miltelius, Graham krekerių trupinius, avižų miltus, cinamoną ir druską. Išjunkite maišytuvą ir supilkite sausus ingredientus. Įjunkite maišytuvą į mažą greitį ir maišykite, kol visiškai susimaišys sausi ingredientai. Mišinys turi būti minkštas ir lygus, kaip drėgna sausainių ar tiršta bandelių tešla.

Supilkite mišinį į pyrago formą ir išlyginkite. Uždenkite keptuvę plastikine plėvele ir šaldykite per naktį.

Išimkite mišinį iš keptuvės. Supjaustykite į 36 kąsnius. Norėdami laikyti, tiesiog uždėkite pergamentinio popieriaus lapą ant torto pagrindo, ant viršaus išdėliokite baltyminius kąsnelius ir uždenkite torto kupolu.

Išeiga: 36 baltymų kąsniai

78. Pekano pyrago baltymų batonėliai

Ingridientai:

- 128 g (½ puodelio) skrudinto pekano sviesto
- 270 g (1 puodelis + 2 šaukštai) nesaldinto vanilinio migdolų pieno
- 1 arbatinis šaukštelis angliško iriso skonio skysto stevijos ekstrakto
- 168 g (1¼ puodelio, lengvai supakuoti) vanilinių rudųjų ryžių baltymų milteliai
- 80 g (⅔ puodelio) avižinių miltų
- 1½ arbatinio šaukštelio malto cinamono
- ⅛ arbatinio šaukštelio druskos
- ¼ puodelio skrudintų pekano riešutų, susmulkintų

8x8 colių kepimo skardą išklokite pergamentiniu popieriumi. Atidėti.

Į elektrinį stovo maišytuvo dubenį su plakikliu supilkite pekano sviestą, migdolų pieną ir stevijos ekstraktą. Maišykite mažu greičiu, kol ruošiate sausus ingredientus.

Vidutinio dydžio dubenyje sumaišykite baltymų miltelius, avižų miltus, cinamoną ir druską. Išjunkite maišytuvą ir supilkite sausus ingredientus. Įjunkite maišytuvą į mažą greitį ir maišykite, kol visiškai susimaišys sausi ingredientai. Jei reikia, nubraukite dubenėlio šonus. Mišinys turi būti tirštas ir purus, kaip sausainių tešla.

Supilkite mišinį į pyrago formą ir išlyginkite. Ant viršaus pabarstykite smulkintus pekano riešutus ir įspauskite juos į paviršių. Tvirtai uždenkite keptuvę plastikine plėvele ir šaldykite per naktį.

Išimkite mišinį iš keptuvės. Supjaustykite į 10 batonėlių. Atskirai suvyniokite baltymų batonėlius į plastikinius sumuštinių maišelius ir laikykite šaldytuve.

Išeiga: 10 baltymų batonėlių

79. Tiramisù baltymų batonėliai

Baltymų batonėliai:

- 128 g (½ puodelio) žalio migdolų sviesto
- 270 g (1 puodelis + 2 šaukštai) nesaldinto vanilinio migdolų pieno
- 30 g (2 šaukštai) Užplikytas espresas, atvėsintas iki kambario temperatūros
- ¾ arbatinio šaukštelio vanilinio kremo skonio skysto stevijos ekstrakto
- 168 g (1¼ puodelio, lengvai supakuoti) vanilinių rudųjų ryžių baltymų milteliai
- 80 g (⅔ puodelio) avižinių miltų
- ¼ arbatinio šaukštelio tirpios kavos granulių
- ⅛ arbatinio šaukštelio druskos

Kreminio sūrio glaistymas:

- 4oz Mascarpone, kambario temperatūros
- 1½ arbatinio šaukštelio nesaldinto vanilinio migdolų pieno arba romo
- ¼ arbatinio šaukštelio vanilinio kremo skonio skysto stevijos ekstrakto

- 1 valgomasis šaukštas nesaldintų olandiškų perdirbtų kakavos miltelių

Baltymų batonėliams:

8x8 colių kepimo skardą išklokite pergamentiniu popieriumi. Atidėti.

Į elektrinio stovo maišytuvo dubenį su plakikliu supilkite migdolų sviestą, migdolų pieną, espreso kavą ir stevijos ekstraktą. Maišykite mažu greičiu, kol ruošiate sausus ingredientus.

Vidutinio dydžio maišymo dubenyje sumaišykite baltymų miltelius, avižų miltus, tirpios kavos granules ir druską. Išjunkite maišytuvą ir supilkite sausus ingredientus. Įjunkite maišytuvą į mažą greitį ir maišykite, kol ingredientai visiškai susimaišys. Jei reikia, nubraukite dubenėlio šonus. Mišinys turi būti tirštas ir purus, kaip sausainių tešla.

Supilkite mišinį į paruoštą pyrago formą ir išlyginkite. Tvirtai uždenkite keptuvę plastikine plėvele ir šaldykite per naktį.

Išimkite mišinį iš keptuvės. Supjaustykite į 12 batonėlių.

Kreminio sūrio glaistui:

Vidutinio dydžio maišymo dubenyje suplakite maskarponę, migdolų pieną (arba romą) ir stevijos ekstraktą.

Supilkite mišinį į maišelį su apvaliu antgaliu (#804). Užpilkite glazūrą išilgai strypų kraštų, tada užpildykite centre. Jei neturite maišelio, tiesiog šaukšto galiuku paskleiskite glazūrą ant strypų.

Lengvai pabarstykite kakavos milteliais ant batonėlių. Norėdami laikyti, tiesiog uždėkite pergamentinio popieriaus lapą ant torto pagrindo, ant viršaus išdėliokite baltymų batonėlius ir uždenkite torto kupolu.

80. S'mores baltymų batonėliai

Baltymų batonėliai:

- 128 g (½ puodelio) skrudintų migdolų sviesto
- 270 g (1 puodelis + 2 šaukštai) nesaldinto vanilinio migdolų pieno
- ½ arbatinio šaukštelio vanilinio kremo skonio skysto stevijos ekstrakto
- 168 g (1¼ puodelio, lengvai supakuoti) šokoladinių rudųjų ryžių baltymų milteliai
- 1½ puodelio Graham Cracker trupinių
- ⅛ arbatinio šaukštelio druskos
- Kreminio sūrio glaistymas:
- 12 visiškai natūralių vanilinių zefyrų
- 6 uncijos Bittersweet šokolado (70% kakavos), lydytas
- 21 g (1½ šaukšto) kokosų aliejaus, skysto pavidalo

Baltymų batonėliams:

8x8 colių kepimo skardą išklokite pergamentiniu popieriumi. Atidėti.

Į elektrinio stovo maišytuvo dubenį su plakikliu supilkite migdolų sviestą, migdolų pieną ir stevijos ekstraktą. Maišykite mažu greičiu, kol ruošiate sausus ingredientus.

Vidutinio dydžio maišymo dubenyje sumaišykite baltymų miltelius, Graham krekerių trupinius ir druską. Išjunkite maišytuvą ir supilkite sausus ingredientus. Įjunkite maišytuvą į mažą greitį ir maišykite, kol ingredientai visiškai susimaišys. Jei reikia, nubraukite dubenėlio šonus. Mišinys turi būti tirštas ir purus, kaip sausainių tešla.

Supilkite mišinį į paruoštą pyrago formą ir išlyginkite. Tvirtai uždenkite keptuvę plastikine plėvele ir šaldykite per naktį.

Išimkite mišinį iš keptuvės. Supjaustykite į 12 batonėlių.

Ant želė suvyniotos formos uždėkite silikoninį kepimo kilimėlį ir ant viršaus išklokite baltyminius batonėlius.

Kreminio sūrio glaistui:

Zefyrus perpjaukite per pusę, kad gautumėte 24 gabalus. Ant kiekvieno baltyminio batonėlio viršaus švelniai užspauskite 2 perpus perpjautus zefyrus, griežinėliais į apačią.

Kokosų aliejų įmaišykite į ištirpintą šokoladą.

Dideliu šaukštu ištirpintą šokoladą užpilkite ant baltymų batonėlių. Pabandykite aptraukti visą baltymų batonėlį šokoladu, bet jis nebūtinai turi būti tobulas.

Šaldykite iki standumo (~1 val.). Atskirai suvyniokite baltyminius batonėlius į plastikinius sumuštinių maišelius ir laikykite šaldytuve (laiko ~5 dienas).

81. Nutella Fudge baltymų batonėliai

Ingridientai:

- 128 g (½ puodelio) skrudinto lazdyno riešutų sviesto
- 270 g (1 puodelis + 2 šaukštai) nesaldinto vanilinio migdolų pieno
- 1 arbatinis šaukštelis vanilinio kremo skonio skysto stevijos ekstrakto
- 168 g (1¼ puodelio, lengvai supakuoti) šokoladinių rudųjų ryžių baltymų milteliai
- 30 g (¼ puodelio) avižinių miltų
- 12 g (2 šaukštai) nesaldintų olandiškų perdirbtų kakavos miltelių
- ⅛ arbatinio šaukštelio druskos
- ¼ puodelio mini pusiau saldaus šokolado traškučių (neprivaloma)

8x8 colių kepimo skardą išklokite pergamentiniu popieriumi. Atidėti.

Į elektrinio stovo maišytuvo dubenį su plakikliu supilkite lazdyno riešutų sviestą, migdolų pieną ir stevijos ekstraktą. Maišykite mažu greičiu, kol ruošiate sausus ingredientus.

Vidutinio dydžio dubenyje sumaišykite baltymų miltelius, avižų miltus, kakavos miltelius ir druską. Išjunkite maišytuvą ir supilkite sausus ingredientus. Įjunkite maišytuvą į mažą greitį ir maišykite, kol visiškai susimaišys sausi ingredientai. Nubraukite dubenėlio šonus, įdėkite pasirenkamų mini šokolado drožlių, tada grįžkite į mažą greitį, kad išmaišytumėte paskutinį kartą. Mišinys turi būti tirštas ir purus, kaip sausainių tešla.

Supilkite mišinį į pyrago formą ir išlyginkite. Tvirtai uždenkite keptuvę plastikine plėvele ir šaldykite per naktį.

Išimkite mišinį iš keptuvės. Supjaustykite į 10 batonėlių. Atskirai suvyniokite baltymų batonėlius į plastikinius sumuštinių maišelius ir laikykite šaldytuve.

Išeiga: 10 baltymų batonėlių

82. Mocha Fudge baltymų batonėliai

Ingridientai:

- 128 g (½ puodelio) skrudintų migdolų sviesto
- 160 g (⅔ puodelio) nesaldinto vanilinio migdolų pieno
- 120 g (½ puodelio) užplikytas espresas, atvėsintas iki kambario temperatūros
- 1 arbatinis šaukštelis vanilinio kremo skonio skysto stevijos ekstrakto
- 168 g (1¼ puodelio, lengvai supakuoti) šokoladinių rudųjų ryžių baltymų milteliai
- 80 g (⅔ puodelio) avižinių miltų
- 10 g (2 šaukštai) nesaldintų natūralių kakavos miltelių
- ⅛ arbatinio šaukštelio druskos
- ¼ puodelio mini pusiau saldaus šokolado traškučių (neprivaloma)

8x8 colių kepimo skardą išklokite pergamentiniu popieriumi. Atidėti.

Į elektrinio stovo maišytuvo dubenį su plakikliu supilkite migdolų sviestą, migdolų pieną, espreso kavą ir stevijos ekstraktą. Maišykite mažu greičiu, kol ruošiate sausus ingredientus.

Vidutinio dydžio dubenyje sumaišykite baltymų miltelius, avižų miltus, kakavos miltelius ir druską. Išjunkite maišytuvą ir supilkite sausus ingredientus. Įjunkite maišytuvą į mažą greitį ir maišykite, kol visiškai susimaišys sausi ingredientai. Nubraukite dubenėlio šonus, įdėkite pasirenkamų mini šokolado drožlių, tada grįžkite į mažą greitį, kad išmaišytumėte paskutinį kartą. Mišinys turi būti tirštas ir purus, kaip sausainių tešla.

Supilkite mišinį į pyrago formą ir išlyginkite. Tvirtai uždenkite keptuvę plastikine plėvele ir šaldykite per naktį.

Išimkite mišinį iš keptuvės. Supjaustykite į 10 batonėlių. Atskirai suvyniokite baltymų batonėlius į plastikinius sumuštinių maišelius ir laikykite šaldytuve.

Išeiga: 10 baltymų batonėlių

83. Karamelės Macchiato baltymų batonėliai

Baltymų batonėliai:

- 128 g (½ puodelio) skrudinto anakardžių sviesto
- 160 g (⅔ puodelio) nesaldinto vanilinio migdolų pieno
- 120 g (½ puodelio) užplikytas espresas, atvėsintas iki kambario temperatūros
- 1 arbatinis šaukštelis vanilės pupelių pastos (galite pasigaminti namuose!)
- 1 arbatinis šaukštelis angliško iriso skonio skysto stevijos ekstrakto
- 168 g (1¼ puodelio, lengvai supakuoti) vanilinių rudųjų ryžių baltymų milteliai
- 120 g (1 puodelis) avižinių miltų
- ⅛ arbatinio šaukštelio druskos
- Karamelės-kavos glaistymas:
- 105 g (⅓ puodelio) ekologiško karamelės padažo
- 63 g (½ puodelio, lengvai supakuota) vanilinių rudųjų ryžių baltymų miltelių
- ½ arbatinio šaukštelio tirpios kavos granulių

Baltymų batonėliams:

8x8 colių kepimo skardą išklokite pergamentiniu popieriumi. Atidėti.

Į elektrinį stovo maišytuvo dubenį su plakikliu įpilkite anakardžių sviesto, migdolų pieno, espreso, vanilės pastos ir stevijos ekstrakto.

Maišykite mažu greičiu, kol ruošiate sausus ingredientus.

Vidutinio dydžio maišymo dubenyje sumaišykite baltymų miltelius, avižų miltus ir druską. Išjunkite maišytuvą ir supilkite sausus ingredientus. Įjunkite maišytuvą į mažą greitį ir maišykite, kol visiškai susimaišys sausi ingredientai. Jei reikia, nubraukite dubenėlio šonus. Mišinys turi būti tirštas ir purus, kaip sausainių tešla.

Supilkite mišinį į paruoštą pyrago formą ir išlyginkite.

Karamelės-kavos glaistui:

Nedideliame dubenyje sumaišykite karamelinį padažą, baltymų miltelius ir tirpios kavos granules. Mišinys turi būti tirštas ir šiek tiek lipnus.

Šaukštu uždėkite mišinį ant baltymų batonėlio pagrindo ir šaukšto nugarėlėmis paskleiskite keptuvės kraštus. Dedame į šaldiklį neuždengtą 1 valandai.

Išimkite mišinį iš keptuvės. Supjaustykite į 12 batonėlių. Norėdami laikyti, tiesiog uždėkite pergamentinio popieriaus lapą ant torto pagrindo, ant viršaus išdėliokite baltymų batonėlius ir uždenkite torto kupolu.

84. Mėtų šokolado baltymų batonėliai

Baltymų batonėliai:

- 270 g (1 puodelis + 2 šaukštai) nesaldinto vanilinio migdolų pieno
- 3 puodeliai, supakuoti ekologiški kūdikių špinatai
- 128 g (½ puodelio) žalio migdolų sviesto
- 2 arbatiniai šaukšteliai vanilinio kremo skonio skysto stevijos ekstrakto
- 2 arbatiniai šaukšteliai mėtų skonio
- 168 g (1¼ puodelio, lengvai supakuoti) vanilinių rudųjų ryžių baltymų milteliai
- 120 g (1 puodelis) avižinių miltų
- 1½ šaukšto Psyllium Husk miltelių
- ⅛ arbatinio šaukštelio druskos

Šokolado danga:

- 6 uncijos Bittersweet šokolado (70% kakavos), lydytas
- 2 arbatiniai šaukšteliai mėtų skonio

Baltymų batonėliams:

8x8 colių kepimo skardą išklokite pergamentiniu popieriumi. Atidėti.

Virtuviniu kombainu sumaišykite migdolų pieną ir špinatus iki vientisos masės.

Į elektrinį stovo maišytuvo dubenį su plakikliu supilkite „žaliojo migdolų pieno" mišinį, migdolų sviestą, stevijos ekstraktą ir mėtų skonį. Maišykite mažu greičiu, kol ruošiate sausus ingredientus.

Vidutinio dydžio maišymo dubenyje sumaišykite baltymų miltelius, avižų miltus, psyllium lukšto miltelius ir druską. Išjunkite maišytuvą ir supilkite sausus ingredientus. Įjunkite maišytuvą į mažą greitį ir maišykite, kol visiškai susimaišys sausi ingredientai. Jei reikia, nubraukite dubenėlio šonus. Mišinys turi būti tirštas ir purus, kaip sausainių tešla.

Supilkite mišinį į paruoštą pyrago formą ir išlyginkite. Tvirtai uždenkite keptuvę plastikine plėvele ir šaldykite per naktį.

Išimkite mišinį iš keptuvės. Supjaustykite į 12 batonėlių.

Ant želė suvyniotos formos uždėkite silikoninį kepimo kilimėlį ir ant viršaus išklokite baltyminius batonėlius.

Šokolado dangai:

Į ištirpintą šokoladą įmaišykite mėtų skonį.

Dideliu šaukštu ištirpintą šokoladą užpilkite ant baltymų batonėlių. Pabandykite aptraukti visą baltymų batonėlį šokoladu, bet jis nebūtinai turi būti tobulas.

Šaldykite iki standumo (~1 val.). Atskirai suvyniokite baltyminius batonėlius į plastikinius sumuštinių maišelius ir laikykite šaldytuve (laiko ~4 dienas).

Išeiga: 12 baltymų batonėlių

85. Milijonieriaus baltymų batonėliai

Baltymų batonėliai:

- 128 g (½ puodelio) skrudintų migdolų sviesto
- 270 g (1 puodelis + 2 šaukštai) nesaldinto vanilinio migdolų pieno
- 1 arbatinis šaukštelis vanilės pupelių pastos (galite pasigaminti namuose!)
- 1 arbatinis šaukštelis vanilinio kremo skonio skysto stevijos ekstrakto
- 168 g (1¼ puodelio, lengvai supakuoti) vanilinių rudųjų ryžių baltymų milteliai
- 90 g (¾ puodelio) avižinių miltų
- ⅛ arbatinio šaukštelio susmulkintos jūros druskos
- Sūdyta karamelė:
- 105 g (⅓ puodelio) ekologiško karamelės padažo
- 63 g (½ puodelio, lengvai supakuota) vanilinių rudųjų ryžių baltymų miltelių
- ⅛ arbatinio šaukštelio susmulkintos jūros druskos
- Šokolado-migdolų danga:
- 6 uncijos tamsaus šokolado su migdolais

Baltymų batonėliams:

8x8 colių kepimo skardą išklokite pergamentiniu popieriumi. Atidėti.

Į elektrinio stovo maišytuvo dubenį su plakikliu supilkite migdolų sviestą, migdolų pieną, vanilės pastą ir stevijos ekstraktą. Maišykite mažu greičiu, kol ruošiate sausus ingredientus.

Vidutinio dydžio maišymo dubenyje sumaišykite baltymų miltelius, avižų miltus ir druską. Išjunkite maišytuvą ir supilkite sausus ingredientus. Įjunkite maišytuvą į mažą greitį ir maišykite, kol visiškai susimaišys sausi ingredientai. Jei reikia, nubraukite dubenėlio šonus. Mišinys turi būti tirštas ir purus, kaip sausainių tešla.

Supilkite mišinį į paruoštą pyrago formą ir išlyginkite. Tvirtai uždenkite keptuvę plastikine plėvele ir šaldykite per naktį.

Sūdytam karamelės glaistui:

Mažame dubenyje sumaišykite karamelinį padažą, baltymų miltelius ir druską. Mišinys turi būti tirštas ir šiek tiek lipnus.

Šaukštu užpilkite mišinį ant baltymų batonėlio pagrindo ir šaukšto nugara paskleiskite ant keptuvės kraštų. Dedame į šaldiklį neuždengtą 1 valandai.

Išimkite mišinį iš keptuvės. Supjaustykite į 12 batonėlių.

Ant želė suvyniotos formos uždėkite silikoninį kepimo kilimėlį ir ant viršaus išklokite baltyminius batonėlius.

Šokolado-migdolų dangai:

Dideliu šaukštu ištirpintą šokoladą užpilkite ant baltymų batonėlių. Pabandykite aptraukti visą batonėlį šokoladu, bet jis nebūtinai turi būti tobulas. Nesivaržykite papuošti batonėlius trupučiu druskos!

Šaldykite iki standumo (~1 val.). Atskirai suvyniokite baltymų batonėlius į plastikinius sumuštinių maišelius ir laikykite šaldytuve.

Išeiga: 12 baltymų batonėlių

86. Scotcheroo baltymų batonėliai

Baltymų batonėliai:

- 128 g (½ puodelio) natūralaus skrudinto žemės riešutų sviesto
- 210 g (½ puodelio + 2 šaukštai) gryno klevų sirupo
- 1 arbatinis šaukštelis natūralaus butterscotch skonio
- 65 g (⅔ puodelio) vanilės išrūgų baltymų miltelių
- ¼ arbatinio šaukštelio druskos
- 150 g (5 puodeliai) traškių rudųjų ryžių dribsnių
- Šokolado užpilas:
- 3 uncijos organinio pieniško šokolado (34% kakavos), lydytas

Baltymų batonėliams:

8x8 colių kepimo skardą išklokite pergamentiniu popieriumi. Atidėti.

Dideliame dubenyje su silikonine mentele sumaišykite žemės riešutų sviestą, gryną klevų sirupą ir sviestmedžio skonį.

Kai mišinys taps vientisas, įmaišykite baltymų miltelius ir druską.

Atsargiai įmaišykite traškius rudųjų ryžių dribsnius. Kai dribsniai visiškai sumaišomi, supilkite mišinį į paruoštą pyrago formą ir išlyginkite silikonine mentele.

Šokolado užpilui:

Supilkite ištirpintą šokoladą ant scotcheroo pagrindo ir pakreipkite keptuvę, kol šokoladas padengs visą paviršių. Šaldykite iki standumo (~1 val.).

Išimkite mišinį iš keptuvės. Supjaustykite į 32, 2x1 colių juosteles. Suvyniokite scotcheroos į plastikinius sumuštinių maišelius ir laikykite šaldytuve.

Išeiga: 32 Scotcheroos

87. Elvis baltymų batonėliai

Išeiga: 10 baltymų batonėlių

Ingridientai:

- 128 g (½ puodelio) natūralaus skrudinto žemės riešutų sviesto
- 240 g (1 puodelis) nesaldinto vanilinio migdolų pieno
- 1 arbatinis šaukštelis vanilinio kremo skonio skysto stevijos ekstrakto
- ½ arbatinio šaukštelio bananų skonio
- 168 g (1¼ puodelio, lengvai supakuoti) vanilinių rudųjų ryžių baltymų milteliai
- ½ puodelio liofilizuotų bananų, sumaltų į miltelius (matuokite susmulkinus)
- 40 g (⅓ puodelio) avižinių miltų
- ⅛ arbatinio šaukštelio druskos
- ¼ puodelio bekono bitų

a) 8x8 colių kepimo skardą išklokite pergamentiniu popieriumi. Atidėti.

b) Į elektrinio stovo maišytuvo dubenį su plakikliu įpilkite žemės riešutų sviesto, migdolų pieno, stevijos ekstrakto ir bananų skonio. Maišykite mažu greičiu, kol ruošiate sausus ingredientus.

c) Vidutinio dydžio maišymo dubenyje sumaišykite baltymų miltelius, bananų miltelius, avižų miltus ir druską. Išjunkite maišytuvą ir supilkite sausus ingredientus. Įjunkite maišytuvą į mažą greitį ir maišykite, kol visiškai susimaišys sausi ingredientai. Nubraukite dubenėlio šonus, suberkite šoninės gabalėlius, tada grįžkite į mažą greitį, kad išmaišytumėte paskutinį kartą. Mišinys turi būti tirštas ir purus, kaip sausainių tešla.

d) Supilkite mišinį į pyrago formą ir išlyginkite. Tvirtai uždenkite keptuvę plastikine plėvele ir šaldykite per naktį.

e) Išimkite mišinį iš keptuvės. Supjaustykite į 10 batonėlių. Atskirai suvyniokite baltyminius batonėlius į plastikinius sumuštinių maišelius ir laikykite šaldytuve (laiko ~5 dienas).

88. Žemės riešutų sviesto ir želė baltymų batonėliai

Ingridientai:

- 128 g (½ puodelio) natūralaus skrudinto žemės riešutų sviesto
- 270 g (1 puodelis + 2 šaukštai) nesaldinto vanilinio migdolų pieno
- ¾ arbatinio šaukštelio vanilinio kremo skonio skysto stevijos ekstrakto
- 168 g (1¼ puodelio, lengvai supakuoti) vanilinių rudųjų ryžių baltymų milteliai
- 80 g (⅔ puodelio) avižinių miltų
- ¼ arbatinio šaukštelio druskos
- 10 arbatinių šaukštelių 100% vaisių braškių užtepėlės (arba kito vaisių skonio)
- ¼ puodelio skrudintų žemės riešutų, susmulkintų

8x8 colių kepimo skardą išklokite pergamentiniu popieriumi. Atidėti.

Į elektrinio stovo maišytuvo dubenį su plakikliu supilkite žemės riešutų sviestą, migdolų pieną ir stevijos ekstraktą. Maišykite mažu greičiu, kol ruošiate sausus ingredientus.

Vidutinio dydžio maišymo dubenyje sumaišykite baltymų miltelius, avižų miltus ir druską. Išjunkite maišytuvą ir supilkite sausus ingredientus. Įjunkite maišytuvą į mažą greitį ir maišykite, kol visiškai susimaišys sausi ingredientai. Jei reikia, nubraukite dubenėlio šonus. Mišinys turi būti tirštas ir purus, kaip sausainių tešla.

Supilkite mišinį į pyrago formą ir išlyginkite. Tvirtai uždenkite keptuvę plastikine plėvele ir šaldykite per naktį.

Išimkite mišinį iš keptuvės. Supjaustykite į 10 batonėlių. Baltymų batonėlius paskleiskite vaisiais (po 1 arbatinį šaukštelį kiekvienam batonėliui) ir ant viršaus pabarstykite susmulkintus žemės riešutus. Norėdami laikyti, tiesiog uždėkite pergamentinio popieriaus lapą ant torto pagrindo, ant viršaus išdėliokite baltymų batonėlius ir uždenkite torto kupolu.

Išeiga: 10 baltymų batonėlių

89. Matcha žaliosios arbatos migdolų fudge baltymų batonėliai

Ingridientai:

- 128 g (½ puodelio) skrudintų migdolų sviesto
- 240 g (1 puodelis) nesaldinto vanilinio migdolų pieno
- 1 arbatinis šaukštelis vanilinio kremo skonio skysto stevijos ekstrakto
- ½ arbatinio šaukštelio migdolų ekstrakto
- 168 g (1¼ puodelio, lengvai supakuoti) vanilinių rudųjų ryžių baltymų milteliai
- 40 g (⅓ puodelio) avižinių miltų
- 5 arbatiniai šaukšteliai Matcha miltelių
- ⅛ arbatinio šaukštelio druskos
- 1 oz organinio baltojo šokolado, lydytas

8x8 colių kepimo skardą išklokite pergamentiniu popieriumi. Atidėti.

Į elektrinio stovo maišytuvo dubenį su plakikliu supilkite migdolų sviestą, migdolų pieną, stevijos ekstraktą ir migdolų ekstraktą. Maišykite mažu greičiu, kol ruošiate sausus ingredientus.

Vidutinio dydžio dubenyje sumaišykite baltymų miltelius, avižų miltus, matchą ir druską. Išjunkite maišytuvą ir supilkite sausus ingredientus.

Įjunkite maišytuvą į mažą greitį ir maišykite, kol ingredientai visiškai susimaišys. Jei reikia, nubraukite dubenėlio šonus. Mišinys turi būti purus, kaip sausainių tešla.

Supilkite mišinį į pyrago formą ir išlyginkite. Tvirtai uždenkite keptuvę plastikine plėvele ir šaldykite per naktį.

Išimkite mišinį iš keptuvės. Supjaustykite į 10 batonėlių.

Ant plytelių apšlakstykite ištirpintą baltąjį šokoladą. Šaldykite iki standumo (~30 min.).

Atskirai suvyniokite baltymų batonėlius į plastikinius sumuštinių maišelius ir laikykite šaldytuve.

Išeiga: 10 baltymų batonėlių

90. Super Greens Fudge baltymų batonėliai

Ingridientai:

- 128 g (½ puodelio) žalio migdolų sviesto
- 270 g (1 puodelis + 2 šaukštai) nesaldinto vanilinio migdolų pieno
- 1 arbatinis šaukštelis vanilinio kremo skonio skysto stevijos ekstrakto
- 40 lašų skysto chlorofilo koncentrato be alkoholio (neprivaloma, jis skirtas tik gražesnės žalios spalvos)
- 168 g (1¼ puodelio, lengvai supakuoti) vanilinių rudųjų ryžių baltymų milteliai
- 60 g (½ puodelio) avižinių miltų
- 50 g (⅓ puodelio, supakuota) Original Amazing Grass Amazing Meal milteliai
- ⅛ arbatinio šaukštelio druskos
- ¼ puodelio Mini pusiau saldaus šokolado traškučių arba kakavos gabalėlių

8x8 colių kepimo skardą išklokite pergamentiniu popieriumi. Atidėti.

Į elektrinį stovo maišytuvo dubenį su plakikliu įpilkite migdolų sviesto, migdolų pieno, stevijos ekstrakto ir pasirinktinai skysto chlorofilo. Maišykite mažu greičiu, kol ruošiate sausus ingredientus.

Vidutinio dydžio dubenyje sumaišykite baltymų miltelius, avižų miltus, Amazing Grass Amazing Meal miltelius ir druską. Išjunkite maišytuvą ir supilkite sausus ingredientus. Įjunkite maišytuvą į mažą greitį ir maišykite, kol visiškai susimaišys sausi ingredientai. Jei reikia, nubraukite dubenėlio šonus. Mišinys turi būti tirštas ir purus, kaip sausainių tešla.

Supilkite mišinį į paruoštą pyrago formą ir išlyginkite. Ant viršaus pabarstykite mini šokolado drožles arba kakavos gabalėlius ir įspauskite juos į paviršių. Tvirtai uždenkite keptuvę plastikine plėvele ir šaldykite per naktį.

Išimkite mišinį iš keptuvės. Supjaustykite į 10 batonėlių. Atskirai suvyniokite baltyminius batonėlius į plastikinius sumuštinių maišelius ir laikykite šaldytuve (laiko ~5 dienas).

Išeiga: 10 baltymų batonėlių

91. Išpumpuoti baltymų batonėliai

Baltymų batonėliai:

- 128 g (½ puodelio) skrudintų migdolų sviesto
- 270 g (1 puodelis + 2 šaukštai) nesaldinto vanilinio migdolų pieno
- 1 arbatinis šaukštelis vanilinio kremo skonio skysto stevijos ekstrakto
- 168 g (1¼ puodelio, lengvai supakuoti) šokoladinių rudųjų ryžių baltymų milteliai
- 80 g (⅔ puodelio) avižinių miltų
- ⅛ arbatinio šaukštelio druskos

Karamelės sluoksnis:

- 105 g (⅓ puodelio) ekologiško karamelės padažo
- 63 g (½ puodelio, lengvai supakuota) vanilinių rudųjų ryžių baltymų miltelių
- Šokolado-migdolų danga:

6 uncijos pieninio šokolado su sūdytais migdolais, lydytas

Baltymų batonėliams:

8x8 colių kepimo skardą išklokite pergamentiniu popieriumi. Atidėti.

Į elektrinio stovo maišytuvo dubenį su plakikliu supilkite migdolų sviestą, migdolų pieną ir stevijos ekstraktą. Maišykite mažu greičiu, kol ruošiate sausus ingredientus.

Vidutinio dydžio maišymo dubenyje sumaišykite baltymų miltelius, avižų miltus ir druską. Išjunkite maišytuvą ir supilkite sausus ingredientus. Įjunkite maišytuvą į mažą greitį ir maišykite, kol visiškai susimaišys sausi ingredientai. Jei reikia, nubraukite dubenėlio šonus. Mišinys turi būti tirštas ir purus, kaip sausainių tešla.

Supilkite mišinį į paruoštą pyrago formą ir išlyginkite.

Karamelės sluoksniui:

Mažame dubenyje sumaišykite karamelinį padažą ir baltymų miltelius. Mišinys turi būti tirštas ir šiek tiek lipnus.

Šaukštu užpilkite mišinį ant baltymų batonėlio pagrindo ir šaukšto nugara paskleiskite ant keptuvės kraštų. Dedame į šaldiklį neuždengtą 1 valandai.

Išimkite mišinį iš keptuvės. Supjaustykite į 12 batonėlių.

Ant želė suvyniotos formos uždėkite silikoninį kepimo kilimėlį ir ant viršaus išklokite baltyminius batonėlius.

Šokolado-migdolų dangai:

Dideliu šaukštu ištirpintą šokoladą užpilkite ant baltymų batonėlių. Pabandykite aptraukti visą batonėlį šokoladu, bet jis nebūtinai turi būti tobulas.

Šaldykite iki standumo (~1 val.). Atskirai suvyniokite baltymų batonėlius į plastikinius sumuštinių maišelius ir laikykite šaldytuve.

92. Susmulkintų baltymų batonėliai

Baltymų batonėliai:

- 128 g (½ puodelio) skrudintų migdolų sviesto
- 270 g (1 puodelis + 2 šaukštai) nesaldinto vanilinio migdolų pieno
- 1 arbatinis šaukštelis vanilinio kremo skonio skysto stevijos ekstrakto
- ½ arbatinio šaukštelio natūralaus sviesto skonio
- 168 g (1¼ puodelio, lengvai supakuoti) vanilinių rudųjų ryžių baltymų milteliai
- 80 g (⅔ puodelio) avižinių miltų
- ⅛ arbatinio šaukštelio druskos

Karamelės sluoksnis:

- 105 g (⅓ puodelio) ekologiško karamelės padažo
- 63 g (½ puodelio, lengvai supakuota) vanilinių rudųjų ryžių baltymų miltelių

Šokolado danga:

- 6 uncijos organinio pieniško šokolado (34% kakavos), lydytas

Baltymų batonėliams:

8x8 colių kepimo skardą išklokite pergamentiniu popieriumi. Atidėti.

Į elektrinį stovo maišytuvo dubenį su plakikliu įpilkite migdolų sviesto, migdolų pieno, stevijos ekstrakto ir sviesto skonio. Maišykite mažu greičiu, kol ruošiate sausus ingredientus.

Vidutinio dydžio maišymo dubenyje sumaišykite baltymų miltelius, avižų miltus ir druską. Išjunkite maišytuvą ir supilkite sausus ingredientus. Įjunkite maišytuvą į mažą greitį ir maišykite, kol visiškai susimaišys sausi ingredientai. Jei reikia, nubraukite dubenėlio šonus. Mišinys turi būti tirštas ir purus, kaip sausainių tešla.

Supilkite mišinį į paruoštą pyrago formą ir išlyginkite.

Karamelės sluoksniui:

Mažame dubenyje sumaišykite karamelinį padažą ir baltymų miltelius. Mišinys turi būti tirštas ir šiek tiek lipnus.

Šaukštu užpilkite mišinį ant baltymų batonėlio pagrindo ir šaukšto nugara paskleiskite ant keptuvės kraštų. Dedame į šaldiklį neuždengtą 1 valandai.

Išimkite mišinį iš keptuvės. Supjaustykite į 12 batonėlių.

Ant želė suvyniotos formos uždėkite silikoninį kepimo kilimėlį ir ant viršaus išklokite baltyminius batonėlius.

Šokolado dangai:

Dideliu šaukštu ištirpintą šokoladą užpilkite ant baltymų batonėlių. Pabandykite aptraukti visą batonėlį šokoladu, bet jis nebūtinai turi būti tobulas.

Šaldykite iki standumo (~1 val.). Atskirai suvyniokite baltymų batonėlius į plastikinius sumuštinių maišelius ir laikykite šaldytuve.

Išeiga: 12 baltymų batonėlių

93. Baltymų batonėliai su jautienos pyragu

Baltymų batonėliai:

- 128 g (½ puodelio) natūralaus skrudinto žemės riešutų sviesto
- 270 g (1 puodelis + 2 šaukštai) nesaldinto vanilinio migdolų pieno
- 1 arbatinis šaukštelis vanilinio kremo skonio skysto stevijos ekstrakto
- 168 g (1¼ puodelio, lengvai supakuoti) vanilinių rudųjų ryžių baltymų milteliai
- 80 g (⅔ puodelio) avižinių miltų
- ⅛ arbatinio šaukštelio druskos

Karamelės sluoksnis:

- 105 g (⅓ puodelio) ekologiško karamelės padažo
- 63 g (½ puodelio, lengvai supakuota) vanilinių rudųjų ryžių baltymų miltelių
- ¼ puodelio skrudintų žemės riešutų

Šokolado danga:

- 6 uncijos organinio pieniško šokolado (34% kakavos), lydytas

Baltymų batonėliams:

8x8 colių kepimo skardą išklokite pergamentiniu popieriumi. Atidėti.

Į elektrinio stovo maišytuvo dubenį su plakikliu supilkite žemės riešutų sviestą, migdolų pieną ir stevijos ekstraktą. Maišykite mažu greičiu, kol ruošiate sausus ingredientus.

Vidutinio dydžio maišymo dubenyje sumaišykite baltymų miltelius, avižų miltus ir druską. Išjunkite maišytuvą ir supilkite sausus ingredientus. Įjunkite maišytuvą į mažą greitį ir maišykite, kol visiškai susimaišys sausi ingredientai. Jei reikia, nubraukite dubenėlio šonus. Mišinys turi būti tirštas ir purus, kaip sausainių tešla.

Supilkite mišinį į paruoštą pyrago formą ir išlyginkite.

Karamelės sluoksniui:

Mažame dubenyje sumaišykite karamelinį padažą ir baltymų miltelius. Mišinys turi būti tirštas ir šiek tiek lipnus.

Šaukštu uždėkite mišinį ant baltymų batonėlio pagrindo ir šaukšto nugarėlėmis paskleiskite keptuvės kraštus. Ant viršaus pabarstykite smulkintus žemės riešutus ir įspauskite juos į paviršių. Dedame į šaldiklį neuždengtą 1 valandai.

Išimkite mišinį iš keptuvės. Supjaustykite į 12 batonėlių.

Ant želė suvyniotos formos uždėkite silikoninį kepimo kilimėlį ir ant viršaus išklokite baltyminius batonėlius.

Šokolado dangai:

Dideliu šaukštu ištirpintą šokoladą užpilkite ant baltymų batonėlių. Pabandykite aptraukti visą batonėlį šokoladu, bet jis nebūtinai turi būti tobulas.

Šaldykite iki standumo (~1 val.). Atskirai suvyniokite baltymų batonėlius į plastikinius sumuštinių maišelius ir laikykite šaldytuve.

Išeiga: 12 baltymų batonėlių

94. „Buff" baltymų batonėliuose

Baltymų batonėliai:

- 128 g (½ puodelio) natūralaus skrudinto žemės riešutų sviesto
- 270 g nesaldinto vanilinio migdolų pieno
- 1 arbatinis šaukštelis vanilinio kremo skonio skysto stevijos ekstrakto
- 168 g (1¼ puodelio, lengvai supakuoti) vanilinių rudųjų ryžių baltymų milteliai
- 80 g (⅔ puodelio) avižinių miltų
- ⅛ arbatinio šaukštelio druskos

Šokolado danga:

- 6 uncijos organinio pieniško šokolado (34% kakavos), lydytas

Baltymų batonėliams:

8x8 colių kepimo skardą išklokite pergamentiniu popieriumi. Atidėti.

Į elektrinio stovo maišytuvo dubenį su plakikliu supilkite žemės riešutų sviestą, migdolų pieną ir stevijos ekstraktą. Maišykite mažu greičiu, kol ruošiate sausus ingredientus.

Vidutinio dydžio maišymo dubenyje sumaišykite baltymų miltelius, avižų miltus ir druską. Išjunkite maišytuvą ir supilkite sausus ingredientus. Įjunkite maišytuvą į mažą greitį ir maišykite, kol visiškai susimaišys sausi ingredientai. Jei reikia, nubraukite dubenėlio šonus. Mišinys turi būti tirštas ir purus, kaip sausainių tešla.

Supilkite mišinį į paruoštą pyrago formą ir išlyginkite. Tvirtai uždenkite keptuvę plastikine plėvele ir šaldykite per naktį.

Išimkite mišinį iš keptuvės. Supjaustykite į 10 batonėlių.

Ant želė suvyniotos formos uždėkite silikoninį kepimo kilimėlį ir ant viršaus išklokite baltyminius batonėlius.

Šokolado dangai:

Dideliu šaukštu ištirpintą šokoladą užpilkite ant baltymų batonėlių. Pabandykite aptraukti visą batonėlį šokoladu, bet jis nebūtinai turi būti tobulas.

Šaldykite iki standumo (~1 val.). Atskirai suvyniokite baltymų batonėlius į plastikinius sumuštinių maišelius ir laikykite šaldytuve.

Išeiga: 10 baltymų batonėlių

95. Lenktykimės su baltymų batonėliais

Baltymų batonėliai:

- 128 g (½ puodelio) natūralaus skrudinto žemės riešutų sviesto
- 270 g (1 puodelis + 2 šaukštai) nesaldinto vanilinio migdolų pieno
- 1 arbatinis šaukštelis vanilinio kremo skonio skysto stevijos ekstrakto
- 168 g (1¼ puodelio, lengvai supakuoti) vanilinių rudųjų ryžių baltymų milteliai
- 80 g (⅔ puodelio) avižinių miltų
- ⅛ arbatinio šaukštelio druskos

Priedai:

- 105 g (⅓ puodelio) ekologiško karamelės padažo
- 63 g (½ puodelio, lengvai supakuota) vanilinių rudųjų ryžių baltymų miltelių
- 24 riestainių lazdelės
- ¼ puodelio skrudintų žemės riešutų, susmulkintų

Šokolado danga:

- 6 uncijos organinio pieniško šokolado (34% kakavos), lydytas

Baltymų batonėliams:

8x8 colių kepimo skardą išklokite pergamentiniu popieriumi. Atidėti.

Į elektrinio stovo maišytuvo dubenį su plakikliu supilkite žemės riešutų sviestą, migdolų pieną ir stevijos ekstraktą. Maišykite mažu greičiu, kol ruošiate sausus ingredientus.

Vidutinio dydžio maišymo dubenyje sumaišykite baltymų miltelius, avižų miltus ir druską. Išjunkite maišytuvą ir supilkite sausus ingredientus. Įjunkite maišytuvą į mažą greitį ir maišykite, kol visiškai susimaišys sausi ingredientai. Jei reikia, nubraukite dubenėlio šonus. Mišinys turi būti tirštas ir purus, kaip sausainių tešla.

Supilkite mišinį į paruoštą pyrago formą ir išlyginkite.

Užpilams:

Mažame dubenyje sumaišykite karamelinį padažą ir baltymų miltelius. Mišinys turi būti tirštas ir šiek tiek lipnus.

Šaukštu užpilkite mišinį ant baltymų batonėlio pagrindo ir šaukšto nugara paskleiskite ant keptuvės kraštų. Į karamelę įspauskite klinšo lazdeles (du klinģero lazdeles viename batonėlyje) ir smulkintus žemės riešutus. Dedame į šaldiklį neuždengtą 1 valandai.

Išimkite mišinį iš keptuvės. Supjaustykite į 12 batonėlių.

Ant želė suvyniotos formos uždėkite silikoninį kepimo kilimėlį ir ant viršaus išklokite baltyminius batonėlius.

Šokolado dangai:

Dideliu šaukštu ištirpintą šokoladą užpilkite ant baltymų batonėlių. Pabandykite aptraukti visą batonėlį šokoladu, bet jis nebūtinai turi būti tobulas.

Šaldykite iki standumo (~1 val.). Atskirai suvyniokite baltyminius batonėlius į plastikinius sumuštinių maišelius ir laikykite šaldytuve (išsaugo ~ 1 savaitę, bet traškiausi bus pirmąsias porą dienų).

Išeiga: 12 baltymų batonėlių

96. Sveiki Chubby Hubby baltymų batonėliai

Baltymų batonėliai:

- 128 g (½ puodelio) natūralaus skrudinto žemės riešutų sviesto
- 270 g (1 puodelis + 2 šaukštai) nesaldinto vanilinio migdolų pieno
- 1 arbatinis šaukštelis vanilinio kremo skonio skysto stevijos ekstrakto
- 168 g (1¼ puodelio, lengvai supakuoti) vanilinių rudųjų ryžių baltymų milteliai
- 80 g (⅔ puodelio) avižinių miltų
- ¼ arbatinio šaukštelio druskos

Priedai:

- 2 uncijos Bittersweet šokolado (70% kakavos), ištirpinto
- ~1½ puodelio Pretzel Sticks, supjaustytų 1¼ colio gabaliukais

Baltymų batonėliams:

8x8 colių kepimo skardą išklokite pergamentiniu popieriumi. Atidėti.

Į elektrinio stovo maišytuvo dubenį su plakikliu supilkite žemės riešutų sviestą, migdolų pieną ir stevijos ekstraktą. Maišykite mažu greičiu, kol ruošiate sausus ingredientus.

Vidutinio dydžio maišymo dubenyje sumaišykite baltymų miltelius, avižų miltus ir druską. Išjunkite maišytuvą ir supilkite sausus ingredientus. Įjunkite maišytuvą į mažą greitį ir maišykite, kol visiškai susimaišys sausi ingredientai. Jei reikia, nubraukite dubenėlio šonus. Mišinys turi būti tirštas ir purus, kaip sausainių tešla.

Supilkite mišinį į paruoštą pyrago formą ir išlyginkite. Tvirtai uždenkite keptuvę plastikine plėvele ir šaldykite per naktį.

Išimkite mišinį iš keptuvės. Supjaustykite į 10 batonėlių.

Ant želė suvyniotos formos uždėkite silikoninį kepimo kilimėlį ir ant viršaus išklokite baltyminius batonėlius.

Užpilams:

Baltymų batonėlius užtepkite šiek tiek ištirpinto šokolado, tada ant viršaus užspauskite susmulkintus klingerus, kad jie suliptų. Likusiu šokoladu apibarstykite klingerus.

Šaldykite iki standumo (~1 val.). Atskirai suvyniokite baltyminius batonėlius į plastikinius sumuštinių maišelius ir laikykite šaldytuve (išsaugo ~1 savaitę, bet traškiausi bus pirmąsias kelias dienas... taigi valgykite!).

Išeiga: 10 baltymų batonėlių

97. Powerhouse baltymų batonėliai

Ingridientai:

- 128 g (½ puodelio) natūralaus skrudinto žemės riešutų sviesto
- 240 g (1 puodelis) nesaldinto vanilinio migdolų pieno
- 160 g (½ puodelio) ekologiško karamelės padažo
- 1 arbatinis šaukštelis vanilinio kremo skonio skysto stevijos ekstrakto
- 147 g (1 puodelis, supakuotas) Vanilinių rudųjų ryžių baltymų milteliai
- 120 g (1 puodelis) žemės riešutų miltų
- ⅛ arbatinio šaukštelio druskos
- 12 uncijų (3 puodeliai) skrudintų žemės riešutų

8x8 colių kepimo skardą išklokite pergamentiniu popieriumi. Atidėti.

Į elektrinį stovo maišytuvo dubenį su plakikliu supilkite žemės riešutų sviestą, migdolų pieną, karamelės padažą ir stevijos ekstraktą. Maišykite mažu greičiu, kol ruošiate sausus ingredientus.

Vidutinio dydžio dubenyje sumaišykite baltymų miltelius, žemės riešutų miltus ir druską. Išjunkite maišytuvą ir supilkite sausus ingredientus. Įjunkite maišytuvą į mažą greitį ir maišykite, kol visiškai susimaišys sausi ingredientai. Jei reikia, nubraukite dubenėlio šonus. Mišinys turi būti tirštas, purus ir šiek tiek lipnus, kaip drėgna sausainių tešla.

Supilkite mišinį į paruoštą pyrago formą ir išlyginkite. Įdėkite į šaldiklį 1 valandai.

Išimkite mišinį iš keptuvės. Supjaustykite į 12 juostelių, tada kiekvieną juostelę perpjaukite per pusę išilgai, kad gautumėte 24 juosteles.

Sudėkite žemės riešutus į didelį indą. Baltymų juosteles įspauskite į žemės riešutus, kad juostelės visiškai pasidengtų. Kiekvieną juostelę kelis kartus iškočiokite, kad jos kraštai būtų suapvalinti ir žemės riešutai visiškai priliptų. Atskirai suvyniokite baltyminius batonėlius į plastikinius sumuštinių maišelius ir laikykite šaldytuve (laikoma ~1 savaitę).

Išeiga: 24 baltymų batonėliai

98. Dinaminiai baltymų batonėliai

Baltymų batonėliai:

- 128 g (½ puodelio) žalio kokosų sviesto, lydytas
- 270 g (1 puodelis + 2 šaukštai) nesaldinto vanilinio kokosų pieno, kambario temperatūros
- 1 arbatinis šaukštelis skysto kokoso skonio stevijos ekstrakto
- 168 g (1¼ puodelio, lengvai supakuoti) vanilinių rudųjų ryžių baltymų milteliai
- 36 g (¼ puodelio) kokosų miltų
- ⅛ arbatinio šaukštelio druskos
- Šokolado-kokoso danga:
- 6 uncijos Bittersweet šokolado (70% kakavos), lydytas
- 64 g (¼ puodelio) žalio kokosų sviesto

Baltymų batonėliams:

8x8 colių kepimo skardą išklokite pergamentiniu popieriumi. Atidėti.

Į elektrinio stovo maišytuvo dubenį su plakikliu supilkite ištirpintą kokosų sviestą, kokosų pieną ir stevijos ekstraktą. Maišykite mažu greičiu, kol ruošiate sausus ingredientus.

Vidutinio dydžio dubenyje sumaišykite baltymų miltelius, kokoso miltus ir druską. Išjunkite maišytuvą ir supilkite sausus ingredientus. Įjunkite maišytuvą į mažą greitį ir maišykite, kol visiškai susimaišys sausi ingredientai. Jei reikia, nubraukite dubenėlio šonus. Mišinys turi būti tirštas ir purus, kaip sausainių tešla.

Supilkite mišinį į paruoštą pyrago formą ir išlyginkite. Tvirtai uždenkite keptuvę plastikine plėvele ir šaldykite per naktį.

Išimkite mišinį iš keptuvės ir palikite 10 minučių stovėti ant stalo, kad suminkštėtų. Supjaustykite į 12 batonėlių.

Ant želė suvyniotos formos uždėkite silikoninį kepimo kilimėlį ir ant viršaus išklokite baltyminius batonėlius.

Šokolado-kokoso dangai:

Kokosų sviestą įmaišykite į ištirpintą šokoladą.

Dideliu šaukštu ištirpintą šokoladą užpilkite ant baltymų batonėlių. Pabandykite aptraukti visą batonėlį šokoladu, bet jis nebūtinai turi būti tobulas.

Šaldykite iki standumo (~1 val.). Atskirai suvyniokite baltymų batonėlius į plastikinius sumuštinių maišelius ir laikykite šaldytuve.

Išeiga: 12 baltymų batonėlių

99. Duo baltymų batonėliai

Baltymų batonėliai:

- 96 g (6 šaukštai) žalio kokosų sviesto, lydytas

- 270 g (1 puodelis + 2 šaukštai) nesaldinto vanilinio kokosų pieno, kambario temperatūros

- 1 arbatinis šaukštelis skysto kokoso skonio stevijos ekstrakto

- 1 arbatinis šaukštelis migdolų ekstrakto

- 168 g (1¼ puodelio, lengvai supakuoti) vanilinių rudųjų ryžių baltymų milteliai

- 36 g (¼ puodelio) kokosų miltų

- ⅛ arbatinio šaukštelio druskos

- 48 sveiki migdolai

- Šokolado-kokoso danga:

- 6 uncijos Bittersweet šokolado (70% kakavos), lydytas

- 64 g (¼ puodelio) žalio kokosų sviesto

Baltymų batonėliams:

8x8 colių kepimo skardą išklokite pergamentiniu popieriumi. Atidėti.

Į elektrinio stovo maišytuvo dubenį su plakikliu supilkite ištirpintą kokosų sviestą, kokosų pieną, stevijos ekstraktą ir migdolų ekstraktą. Maišykite mažu greičiu, kol ruošiate sausus ingredientus.

Vidutinio dydžio dubenyje sumaišykite baltymų miltelius, kokoso miltus ir druską. Išjunkite maišytuvą ir supilkite sausus ingredientus. Įjunkite maišytuvą į mažą greitį ir maišykite, kol visiškai susimaišys sausi ingredientai. Jei reikia, nubraukite dubenėlio šonus. Mišinys turi būti tirštas ir purus, kaip sausainių tešla.

Supilkite mišinį į paruoštą pyrago formą ir išlyginkite. Tvirtai uždenkite keptuvę plastikine plėvele ir šaldykite per naktį.

Išimkite mišinį iš keptuvės. Supjaustykite į 12 batonėlių. Paspauskite 4–5 migdolus ant kiekvieno baltyminio batonėlio, kad susidarytų migdolų linija.

Ant želė suvyniotos formos uždėkite silikoninį kepimo kilimėlį ir ant viršaus išklokite baltyminius batonėlius.

Šokolado-kokoso dangai:

Kokosų sviestą įmaišykite į ištirpintą šokoladą.

Dideliu šaukštu ištirpintą šokoladą užpilkite ant baltymų batonėlių. Pabandykite aptraukti visą batonėlį šokoladu, bet jis nebūtinai turi būti tobulas.

Šaldykite iki standumo (~1 val.). Atskirai suvyniokite baltymų batonėlius į plastikinius sumuštinių maišelius ir laikykite šaldytuve.

Išeiga: 12 baltymų batonėlių

100. Mirtis nuo šokoladinių baltymų batonėlių

Baltymų batonėliai:

- 128 g (½ puodelio) skrudintų migdolų sviesto
- 270 g (1 puodelis + 2 šaukštai) nesaldinto vanilinio migdolų pieno
- 1 arbatinis šaukštelis vanilinio kremo skonio skysto stevijos ekstrakto
- ½ arbatinio šaukštelio natūralaus sviesto skonio
- 168 g (1¼ puodelio, lengvai supakuoti) šokoladinių rudųjų ryžių baltymų milteliai
- 80 g (⅔ puodelio) avižinių miltų
- 20 g (¼ puodelio) nesaldintų natūralių kakavos miltelių
- ¼ arbatinio šaukštelio druskos

Šokolado glaistymas:

- 230 g (1 puodelis) paprasto, neriebaus graikiško jogurto
- ½ arbatinio šaukštelio vanilinio kremo skonio skysto stevijos ekstrakto
- 10 g (2 šaukštai) nesaldintų natūralių kakavos miltelių

Šokolado danga:

- 8oz Bittersweet šokolado (70% kakavos), lydytas

- ¼ puodelio Mini pusiau saldžiųjų šokolado traškučių

Baltymų batonėliams:

8x8 colių kepimo skardą išklokite pergamentiniu popieriumi. Atidėti.

Į elektrinį stovo maišytuvo dubenį su plakikliu įpilkite migdolų sviesto, migdolų pieno, stevijos ekstrakto ir sviesto skonio. Maišykite mažu greičiu, kol ruošiate sausus ingredientus.

Vidutinio dydžio dubenyje sumaišykite baltymų miltelius, avižų miltus, kakavos miltelius ir druską. Išjunkite maišytuvą ir supilkite sausus ingredientus. Įjunkite maišytuvą į mažą greitį ir maišykite, kol visiškai susimaišys sausi ingredientai. Jei reikia, nubraukite dubenėlio šonus. Mišinys turi būti tirštas ir purus, kaip sausainių tešla.

Supilkite mišinį į paruoštą pyrago formą ir išlyginkite.

Šokoladiniam glaistui:

Nedideliame dubenyje suplakite graikišką jogurtą, stevijos ekstraktą ir kakavos miltelius. Paskleiskite ant baltymų batonėlių. Tvirtai uždenkite keptuvę plastikine plėvele ir padėkite į šaldiklį 1 valandai.

Išimkite mišinį iš keptuvės. Supjaustykite į 12 batonėlių.

Ant želė suvyniotos formos uždėkite silikoninį kepimo kilimėlį ir ant viršaus išklokite baltyminius batonėlius.

Šokolado dangai:

Dideliu šaukštu ištirpintą šokoladą užpilkite ant baltymų batonėlių. Pabandykite aptraukti visą batonėlį šokoladu, bet jis nebūtinai turi būti tobulas. Ant viršaus pabarstykite šokolado drožles.

Šaldykite iki standumo (~1 val.). Norėdami laikyti, tiesiog uždėkite pergamentinio popieriaus lapą ant torto pagrindo, ant viršaus išdėliokite baltymų batonėlius ir uždenkite torto kupolu.

Išeiga: 12 baltymų batonėlių

IŠVADA

Geriausi desertiniai batonėliai dažniausiai turi skonio sluoksnius ir būna įvairių variantų, galimybės neribotos, pažiūrėkite, ką galite sugalvoti!

Desertų batonėliai taip pat yra tikrai graži Kalėdų dovana ar bet kokia kita ypatinga dovana draugams ir šeimos nariams. Kas nenorėtų gauti gražiai dekoruotos pakuotės, užpildytos naminiais desertų batonėliais? Tai gali būti viena geriausių dovanų! Jų galiojimo laikas yra gana ilgas ir gali būti iškeptas prieš kelias dienas. Sandariai suvyniotus į plastikinę plėvelę, juos taip pat galima laikyti šaldiklyje.

Su šia kulinarijos knyga tikrai sukelsite savo svečius norą sugrįžti pavalgyti kitoje aikštėje!

www.ingramcontent.com/pod-product-compliance
Lightning Source LLC
Chambersburg PA
CBHW070647120526
44590CB00013BA/859